全国银行业专业人员职业资格考试热题库

银行管理（中级）

全国资格认证考试热题库编委会
邵冰　主编

策划编辑：陈希尔

封面设计： 砚祥志远·激光照排

联系我们：
地址：辽宁省大连市沙河口区星海大厦
电话：0411-84669496
邮箱：retiku@retiku.cn

如有任何疑问
请联系客服人员

扫一扫，关注中国纺织出版社热题库系列

中国纺织出版社
热题库

中国纺织出版社
官方微信大众版

中国纺织出版社
官方微博

中国纺织出版社
天猫旗舰店

ISBN 978-7-5180-4015-5

定价：58.00元

 中国纺织出版社

全国百佳出版单位
国家一级出版社

内 容 提 要

本书主要依据中国银行业专业人员职业资格考试专业实务科目《银行管理》(中级)科目要求而编写,内容涵盖思维导图、模拟试卷、热题库三部分,思维导图能够帮助读者理清复习脉络,模拟试卷可以帮助读者检测复习效果,热题库可以帮助读者逐一击破考试重点、难点及易错点,增强应试能力。

图书在版编目(CIP)数据

全国银行业专业人员职业资格考试热题库. 银行管理. 中级 / 全国资格认证考试热题库编委会,邵冰主编. — 北京:中国纺织出版社,2018.1

全国资格认证考试热题库

ISBN 978-7-5180-4015-5

Ⅰ. ①全… Ⅱ. ①全… ②邵… Ⅲ. ①银行—从业人员—中国—资格考试—习题集 ②银行管理—中国—资格考试—习题集 Ⅳ. ①F832-44

中国版本图书馆CIP数据核字(2017)第218010号

策划编辑:陈希尔　　责任印制:储志伟

中国纺织出版社出版发行
地址:北京市朝阳区百子湾东里A407号楼　邮政编码:100124
销售电话:010—67004422　传真:010—87155801
http://www.c-textilep.com
E-mail:faxing@c-textilep.com
中国纺织出版社天猫旗舰店
官方微博http://weibo.com/2119887771
三河市延风印装有限公司印刷　各地新华书店经销
2018年1月第1版第1次印刷
开本:787×1092　1/16　印张:13.25
字数:310千字　定价:58.00元

凡购本书,如有缺页、倒页、脱页,由本社图书营销中心调换

纺织社资格考试系列热题库

全国银行业专业人员职业资格考试热题库

《银行业法律法规与综合能力》(初级)

《银行业法律法规与综合能力》(中级)

《风险管理》(初级)

《风险管理》(中级)

《个人贷款》(初级)

《个人贷款》(中级)

《个人理财》(初级)

《个人理财》(中级)

《公司信贷》(初级)

《公司信贷》(中级)

《银行管理》(初级)

《银行管理》(中级)

全国期货从业人员执业资格考试热题库

《期货法律法规》

《期货基础知识》

《期货投资分析》

全国证券从业人员执业资格考试热题库

《金融市场基础知识》

《证券市场基本法律法规》

全国基金从业人员执业资格考试热题库

《基金法律法规、职业道德与业务规范》

《证券投资基金基础知识》

《私募股权投资基金基础知识》

心理咨询师国家职业资格考试热题库

《心理咨询师》(二级)

《心理咨询师》(三级)

目　录

一、热题库使用说明
二、思维导图
　　第一章　宏观经济金融环境
　　第二章　监管概述
　　第三章　市场准入、现场检查和非现场监管
　　第四章　监管强制措施与行政处罚
　　第五章　负债业务
　　第六章　资产业务
　　第七章　其他业务
　　第八章　金融创新管理
　　第九章　公司治理与内部控制
　　第十章　全面风险管理
　　第十一章　资本管理
　　第十二章　资产负债管理
　　第十三章　流动性风险管理
　　第十四章　经营绩效管理
　　第十五章　信息科技管理
　　第十六章　金融资产管理公司业务与监管
　　第十七章　信托公司业务与监管
　　第十八章　财务公司业务与监管
　　第十九章　金融租赁公司业务与监管
　　第二十章　汽车金融公司、消费金融公司、货币经纪公司业务与监管
　　第二十一章　银行业消费者权益保护
三、模拟试卷
　　《银行管理（中级）》模拟试卷（一）
　　《银行管理（中级）》模拟试卷（二）
　　《银行管理（中级）》模拟试卷（三）
参考答案及解析

第一章 宏观经济金融环境

第一节 宏观经济环境

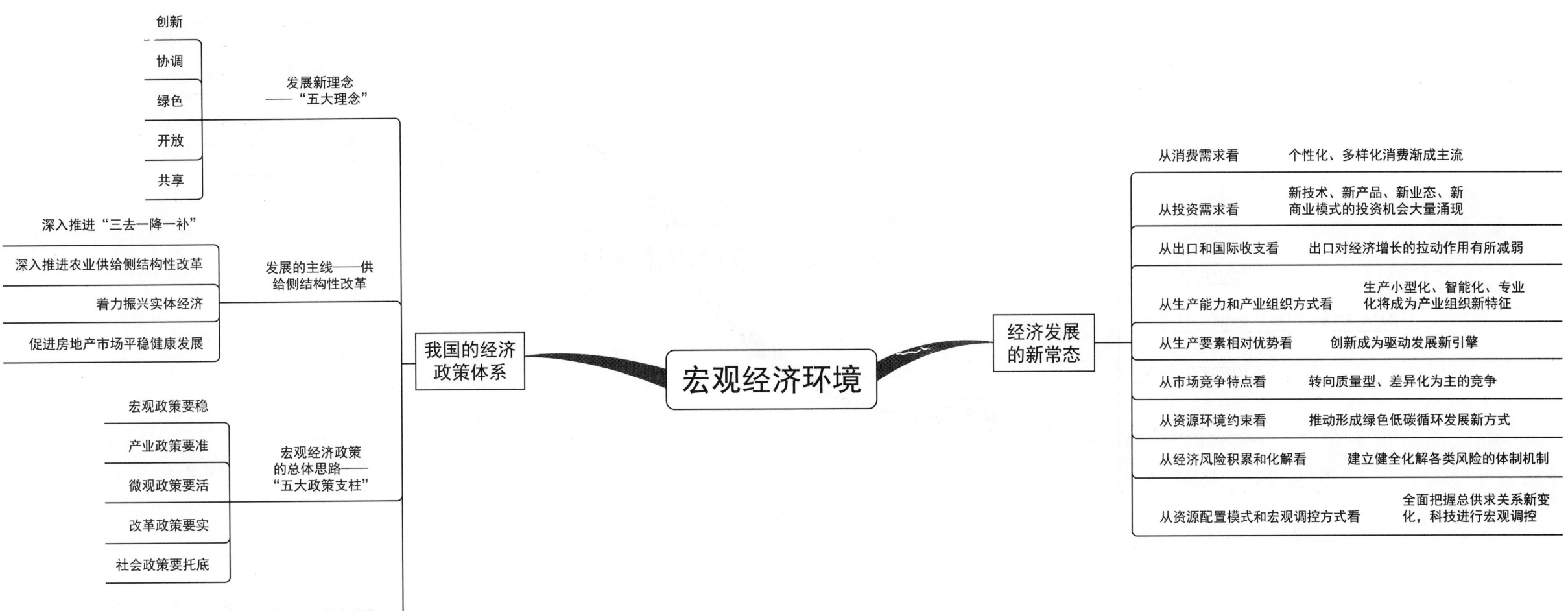

第二节 财政、货币政策环境

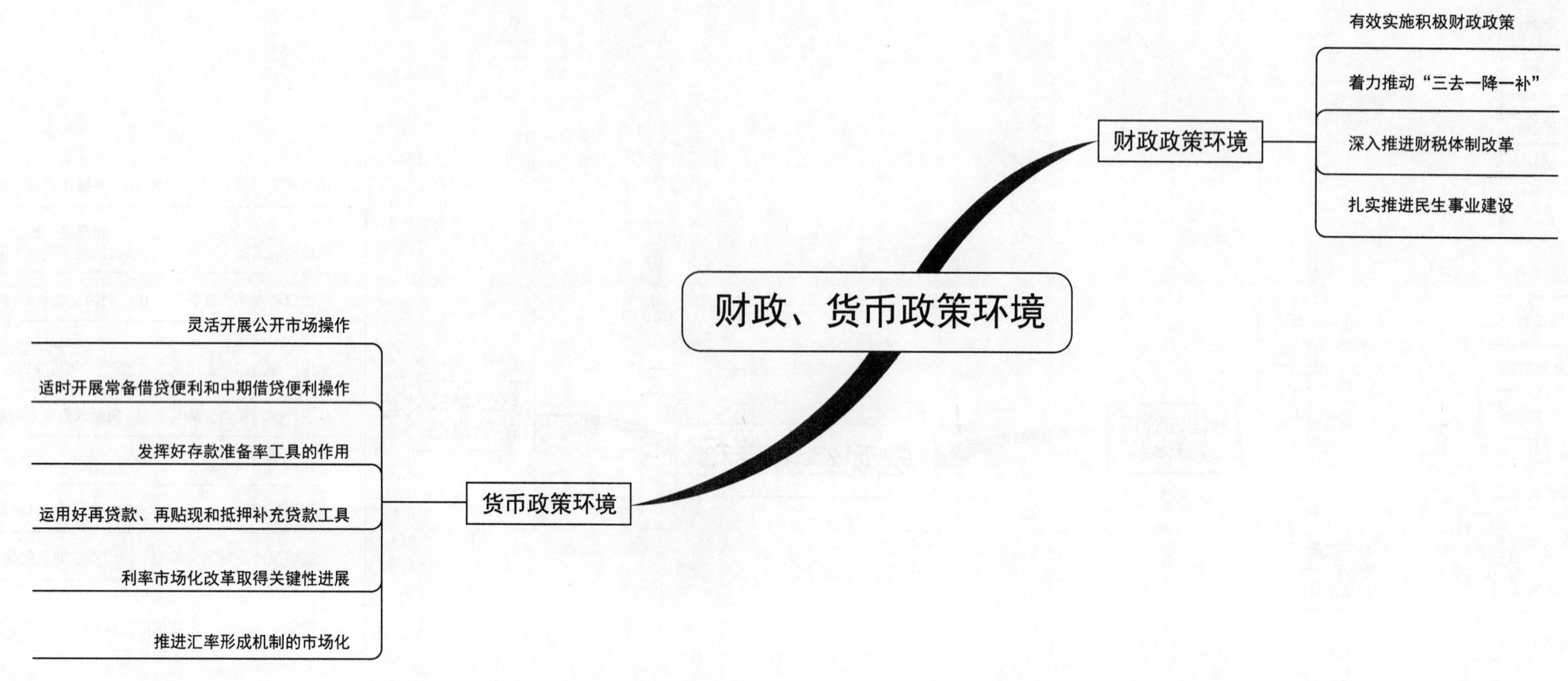

第二章 监管概述

第一节 监管目标、理念和良好标准

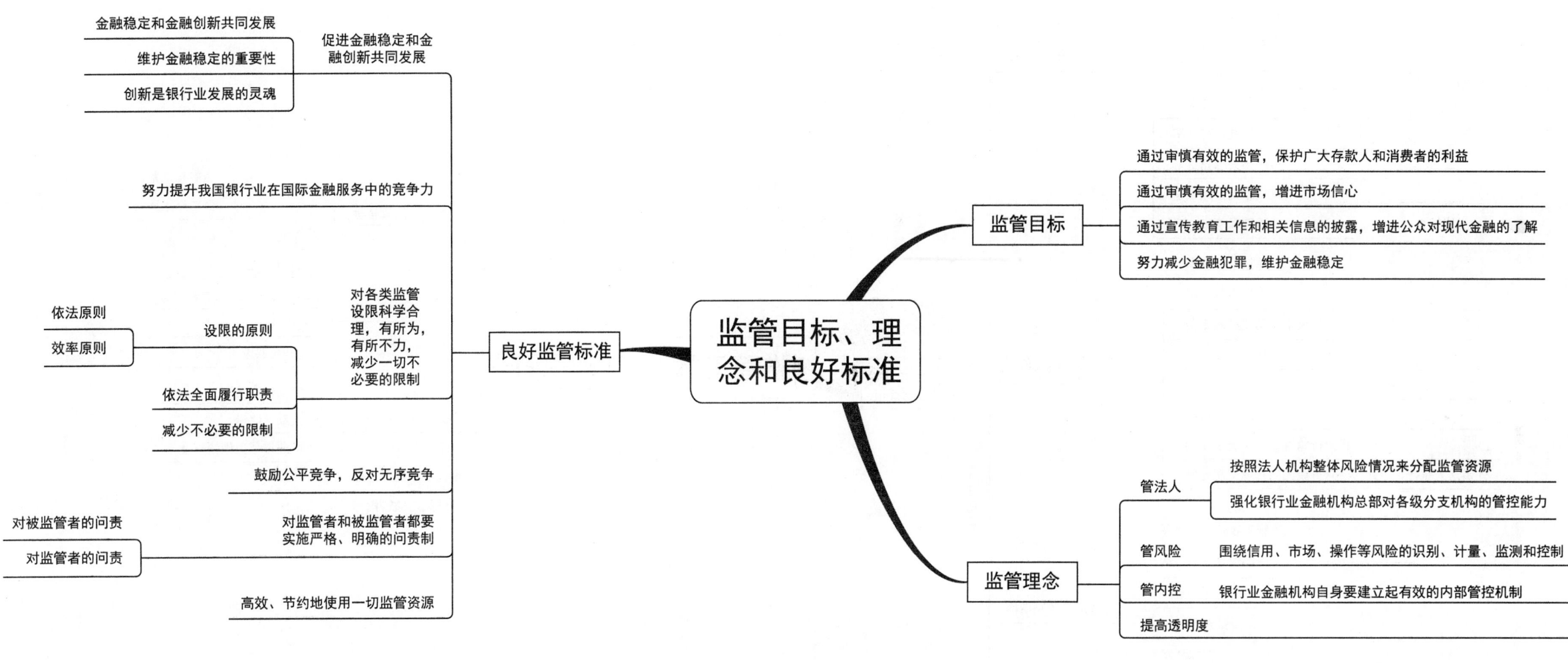

第二节 监管工具

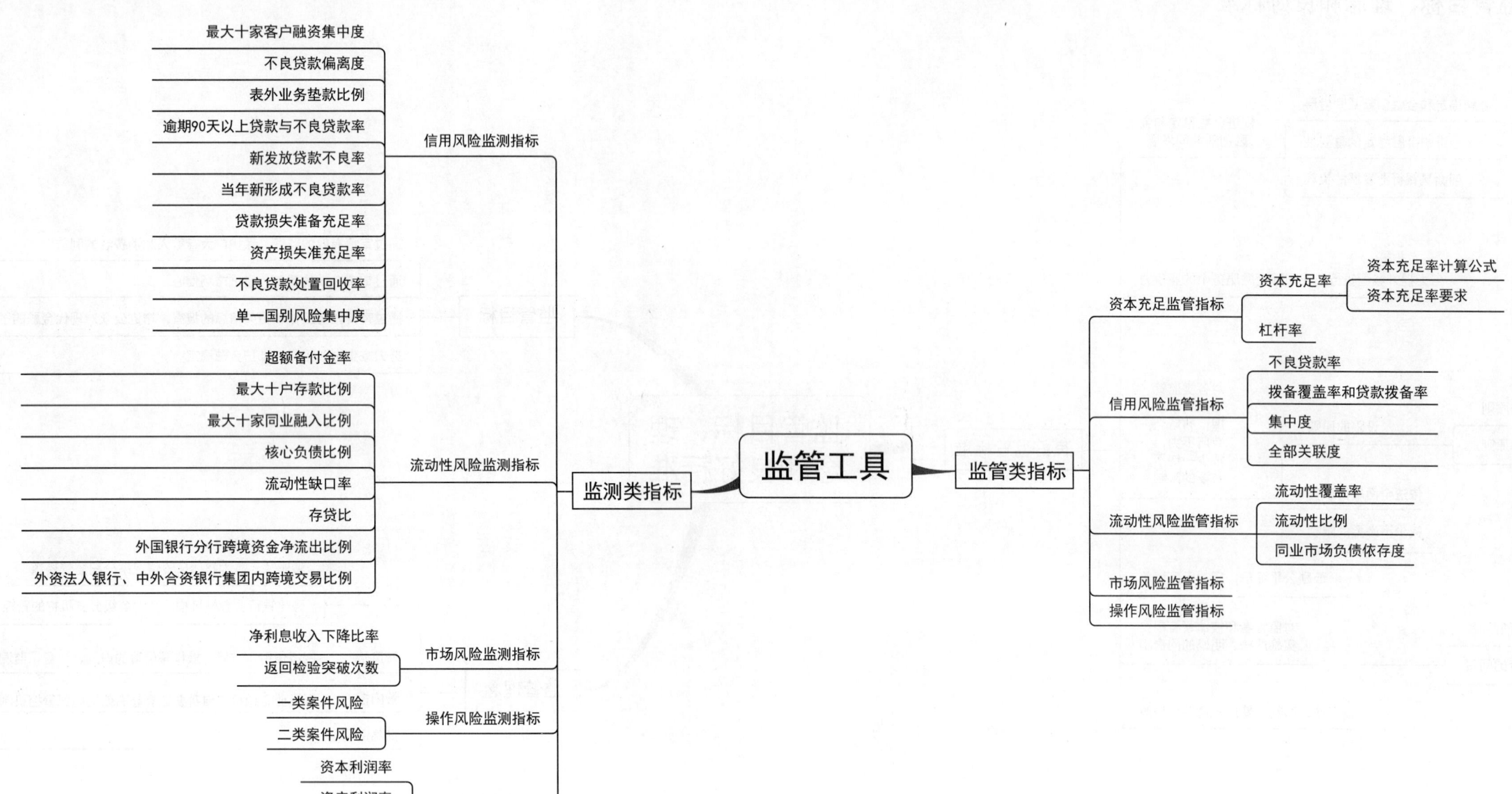

第三节 国际监管改革概述

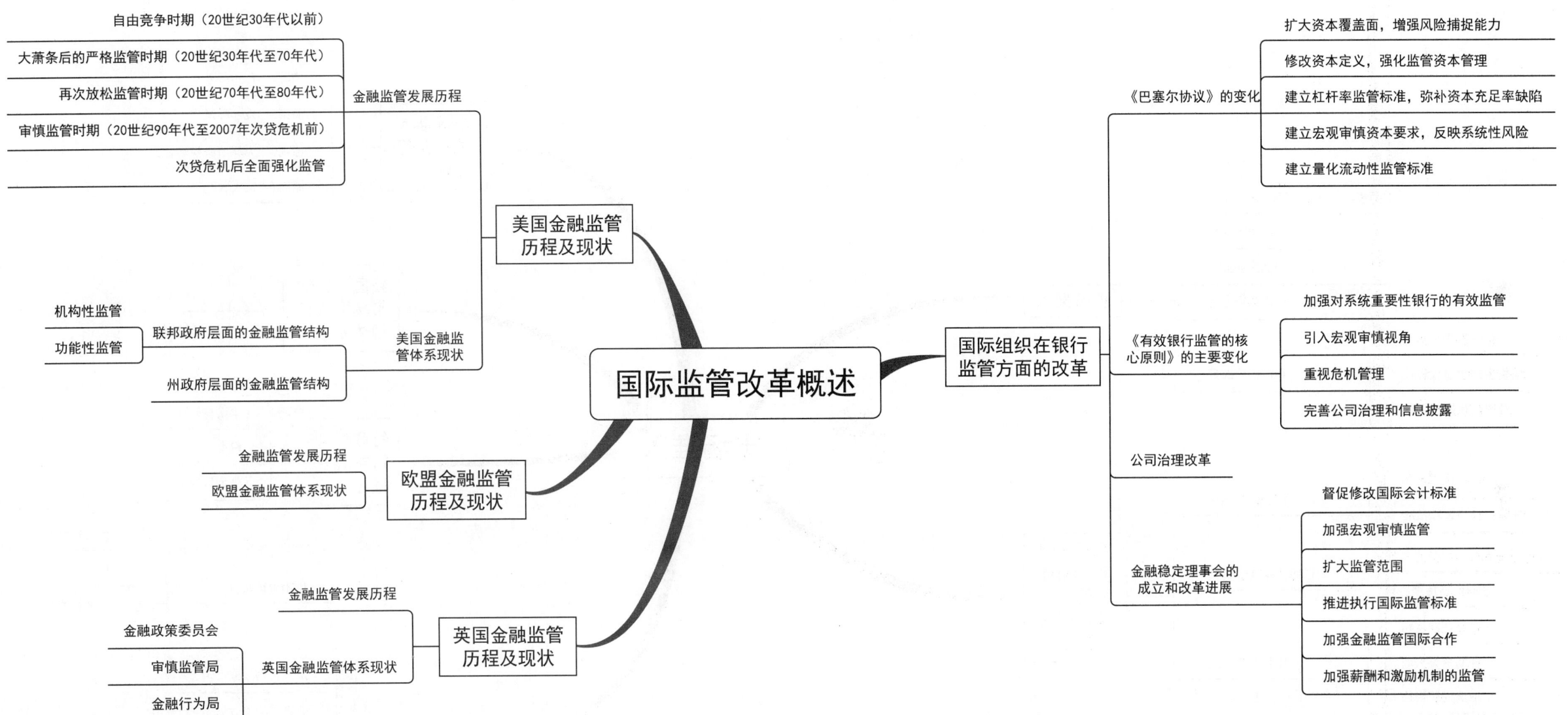

第三章 市场准入、现场检查和非现场监管

第一节 市场准入

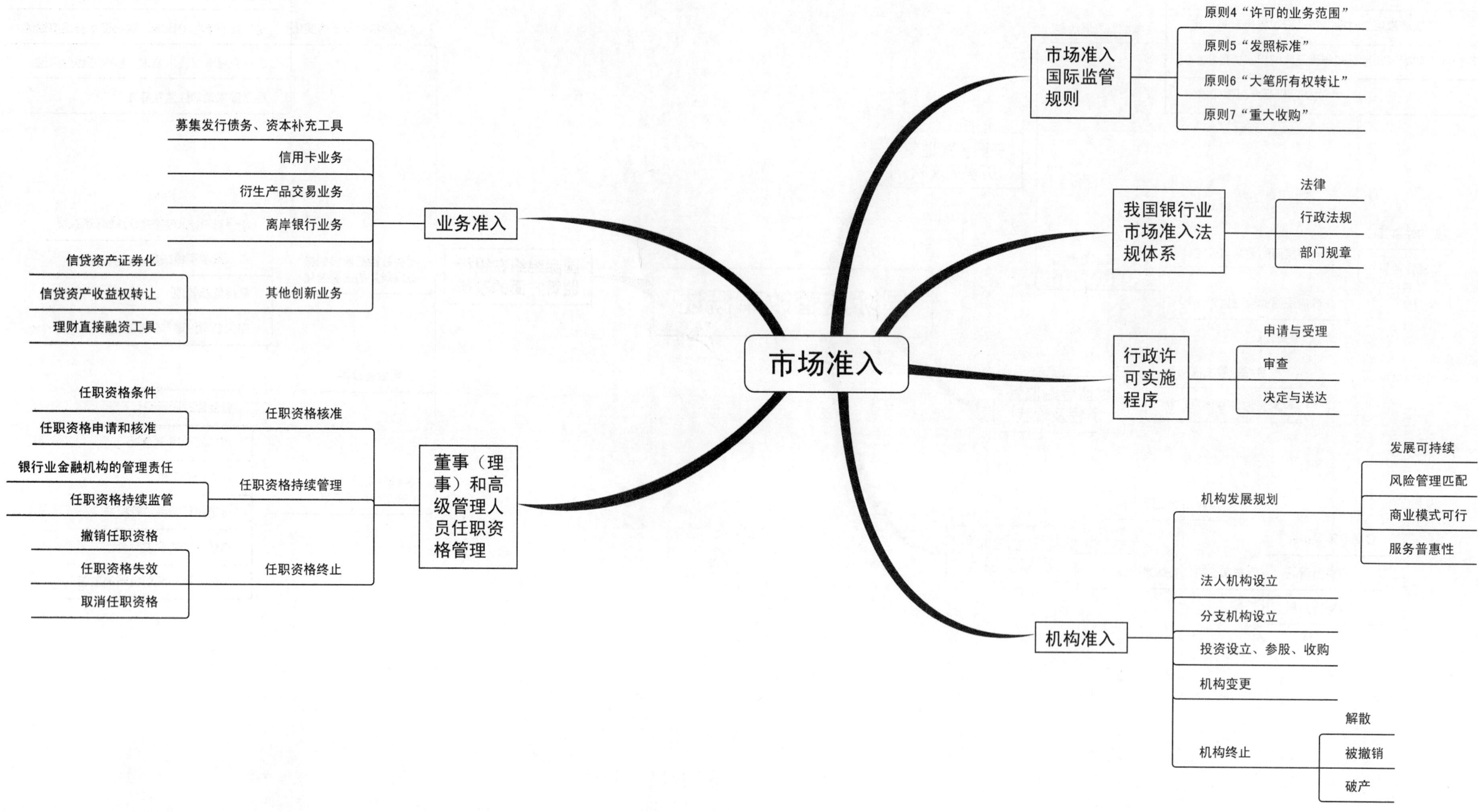

第二节 现场检查

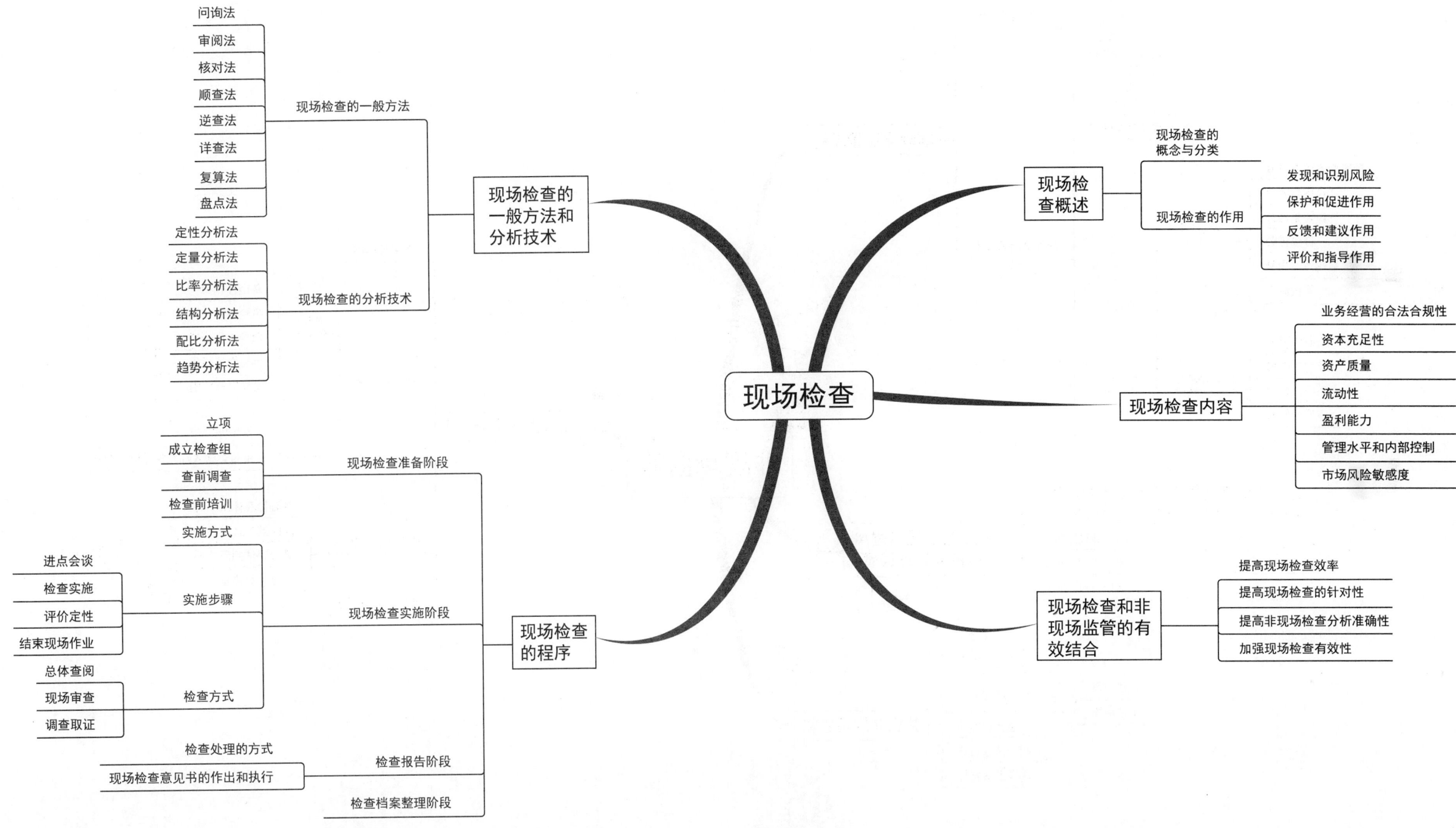

第三节 非现场监管

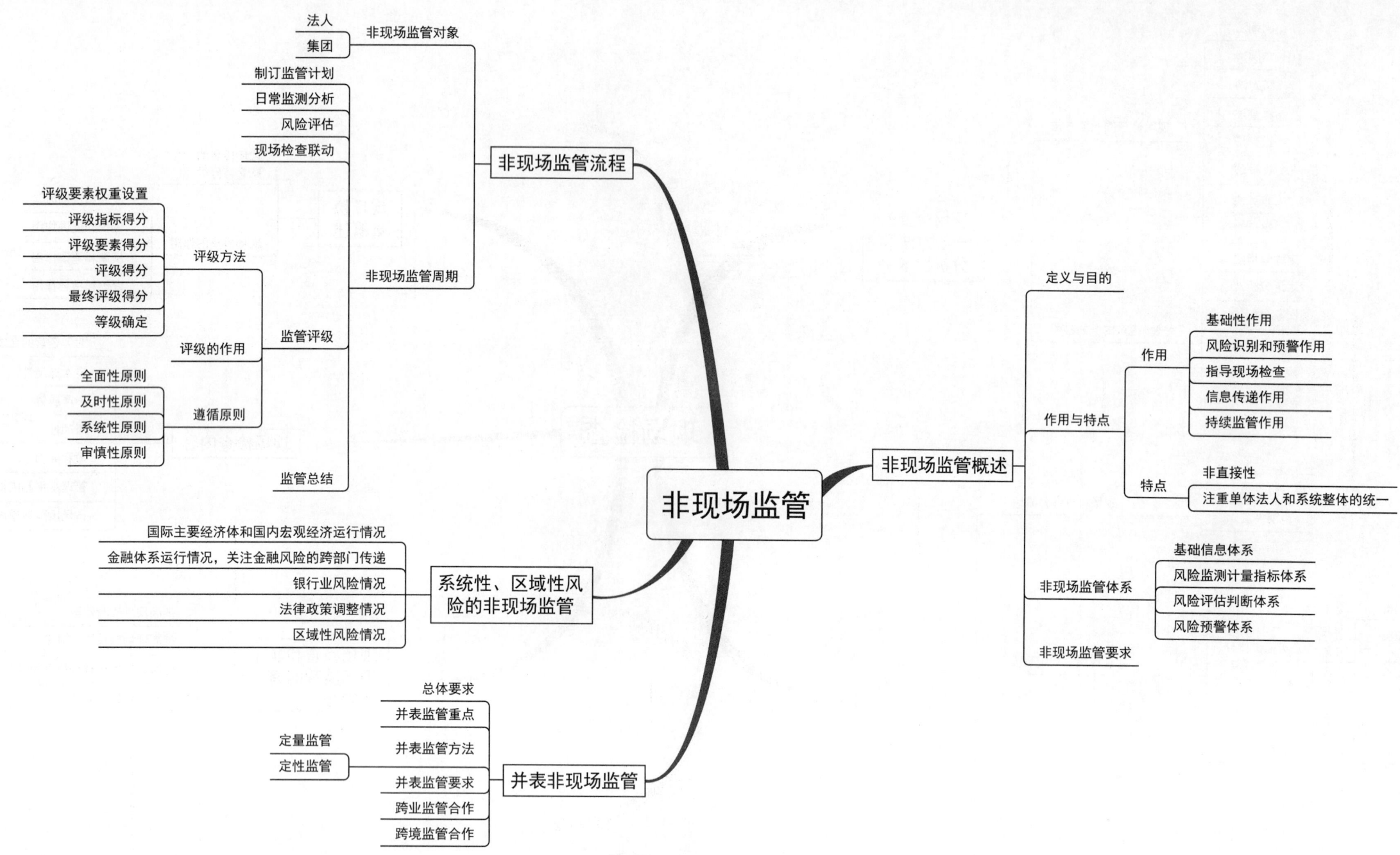

第四章 监管强制措施与行政处罚

第一节 监管强制措施

第二节 行政处罚

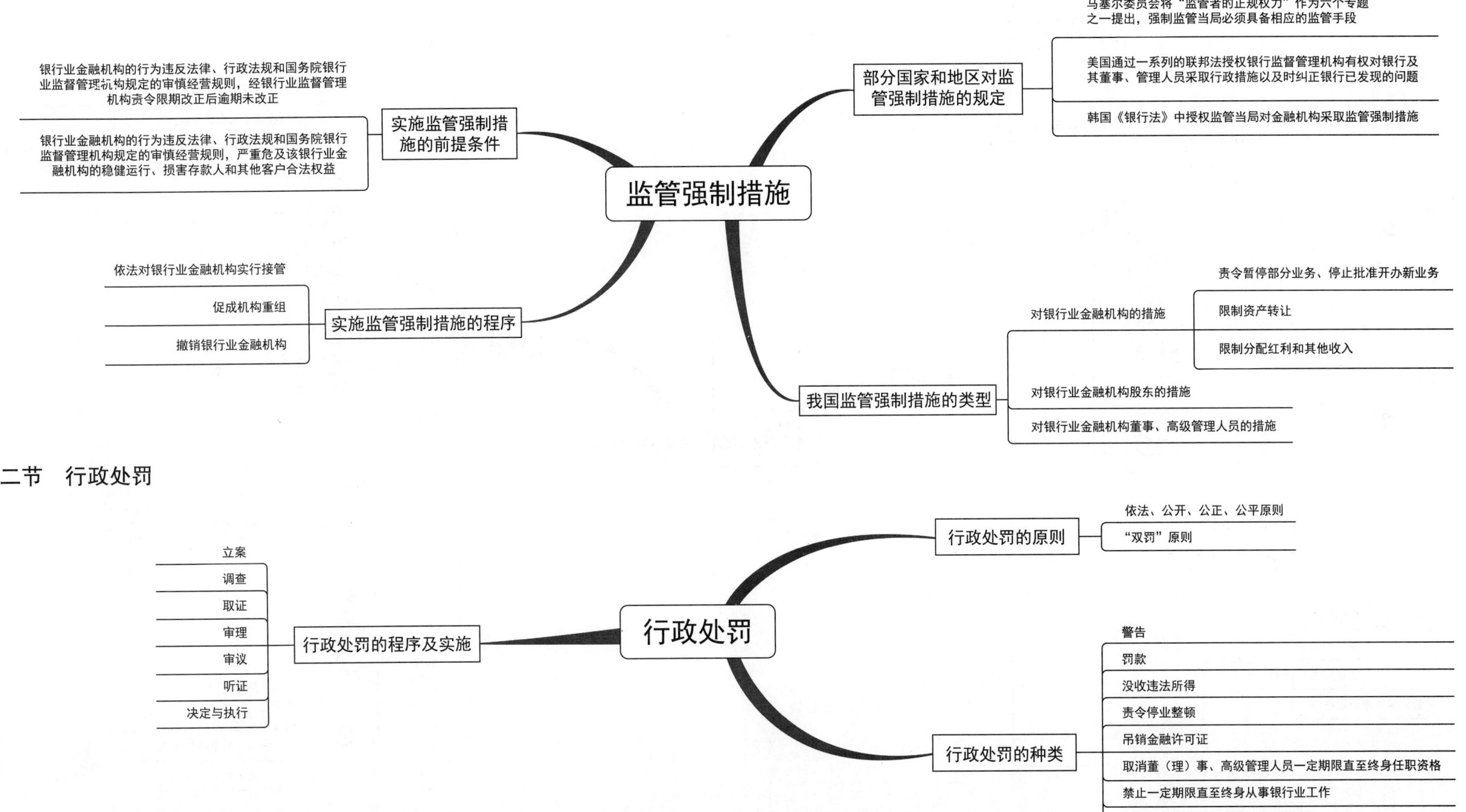

第三节 行政复议和诉讼

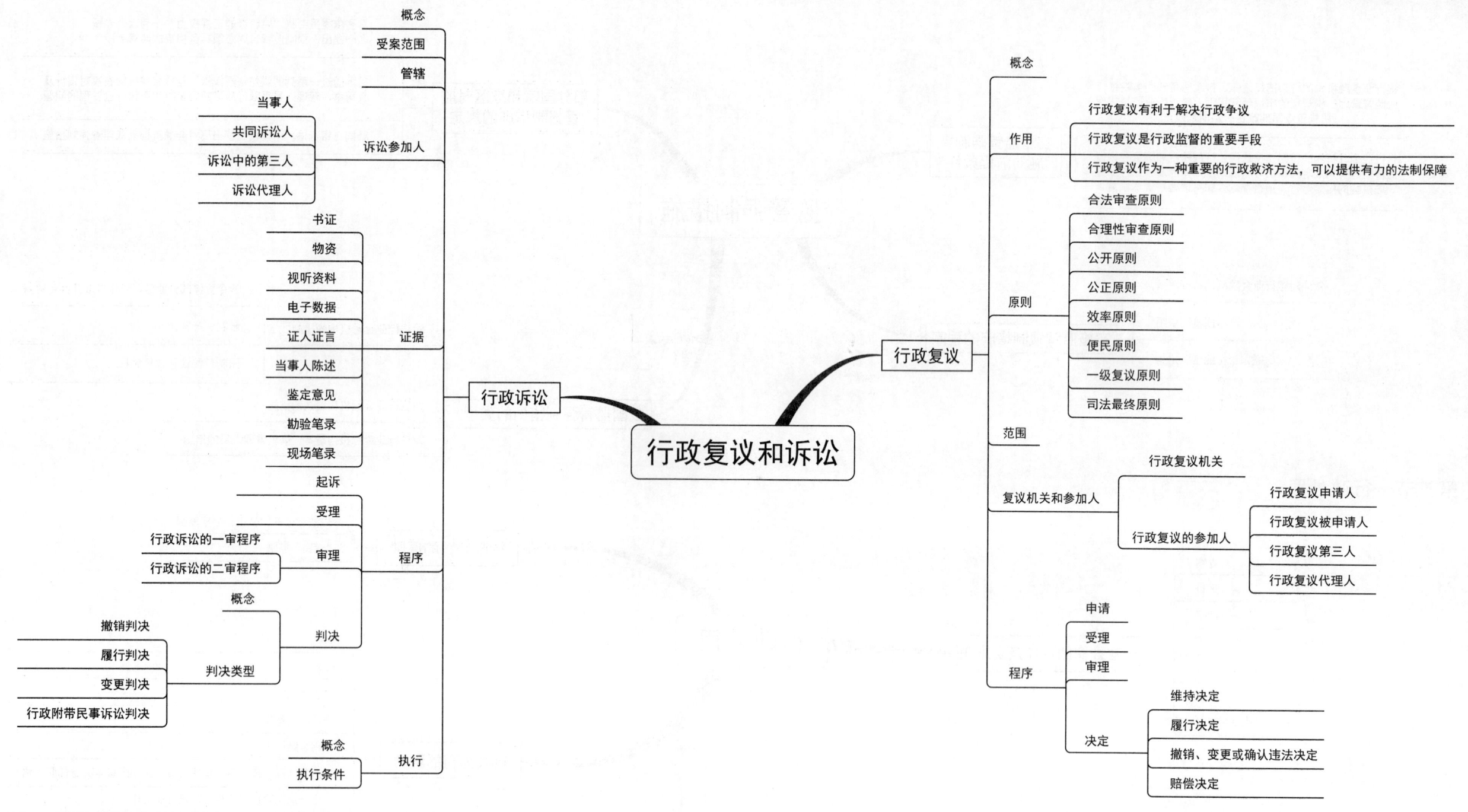

第五章 负债业务

第一节 负债业务概述

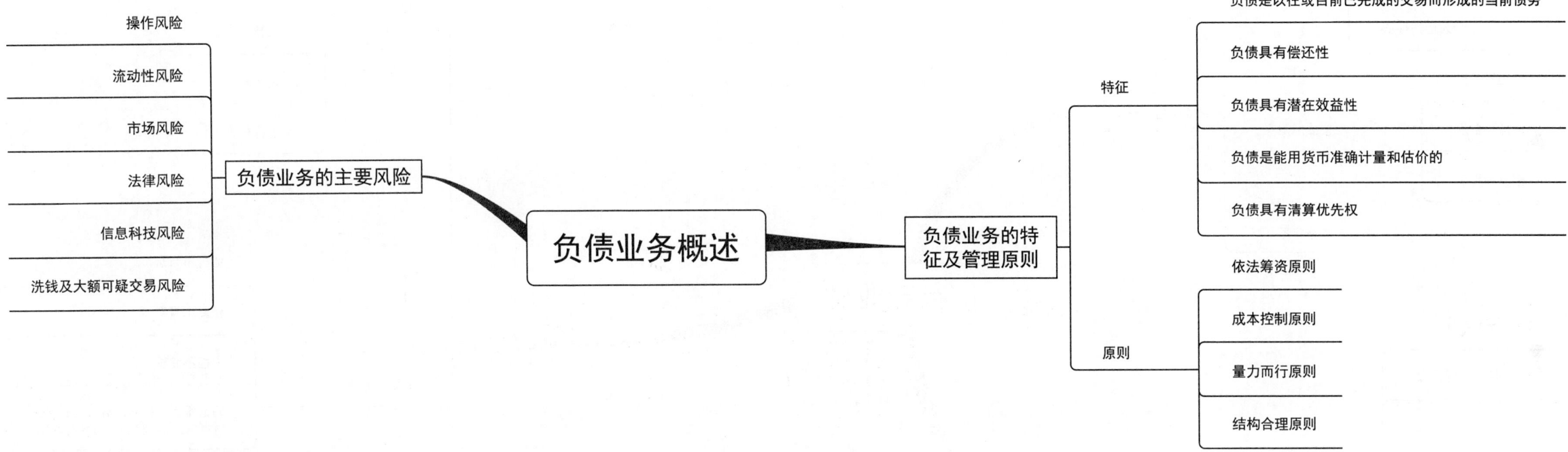

第二节 存款业务

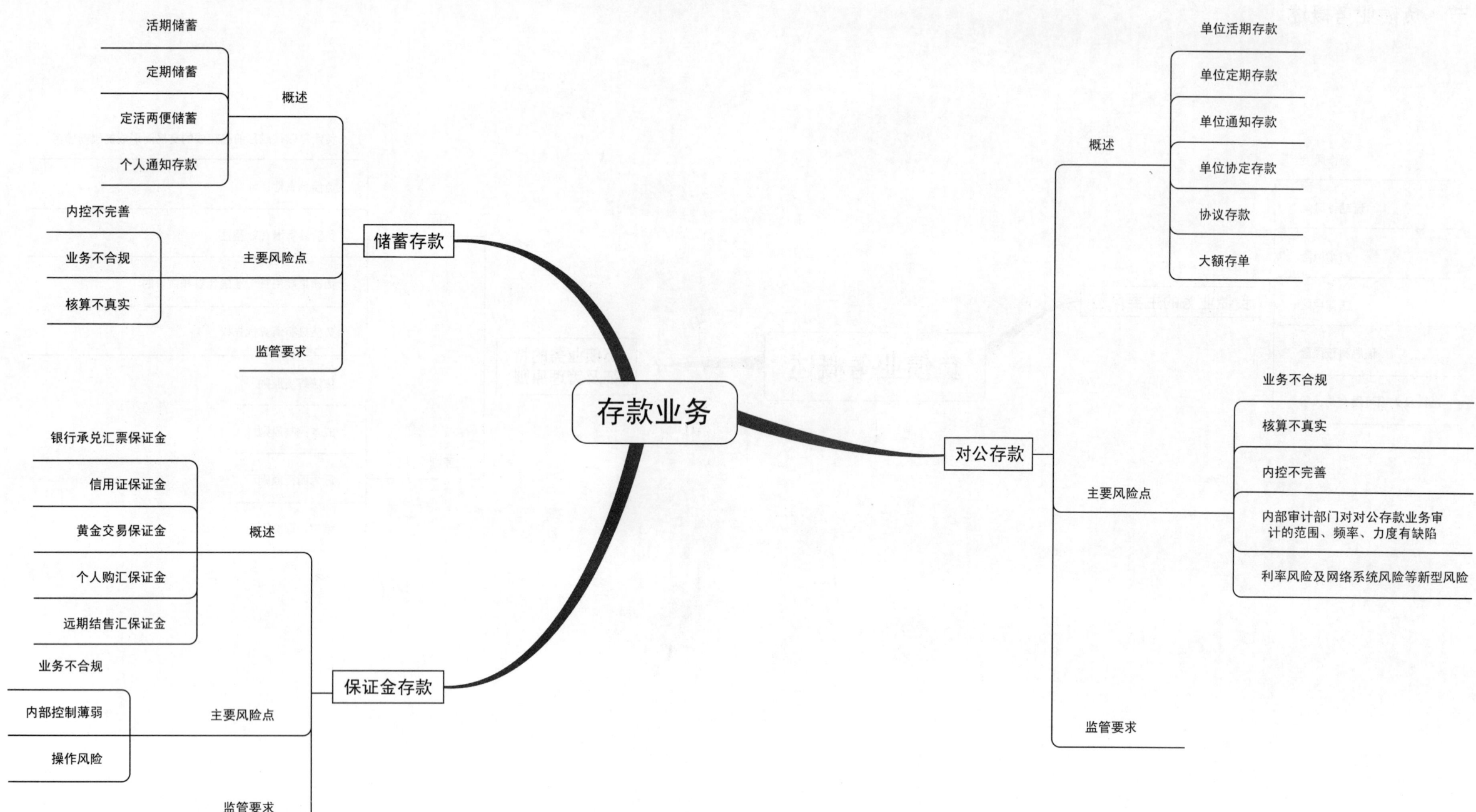

第三节 其他负债业务

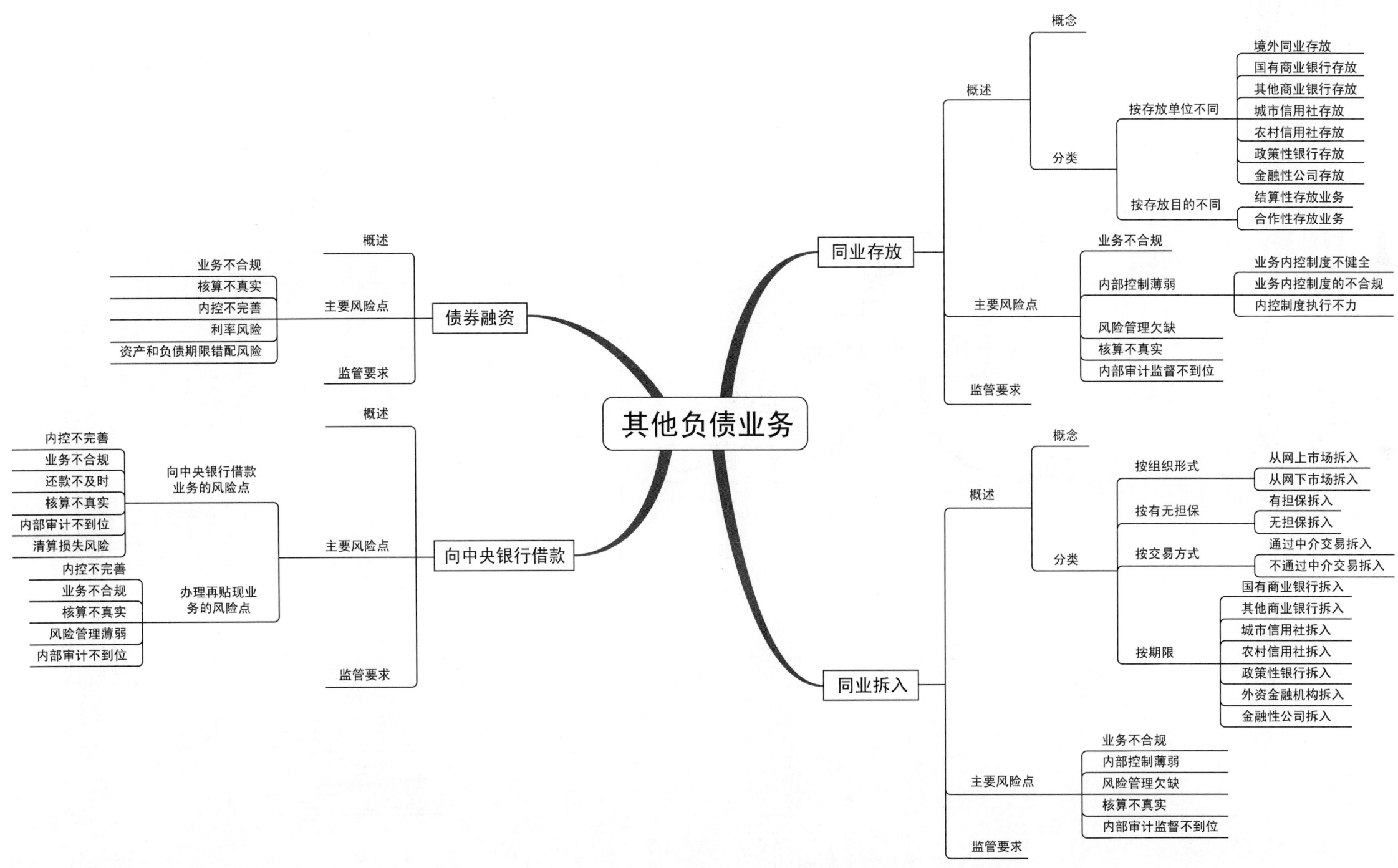

第六章 资产业务

第一节 资产业务概述

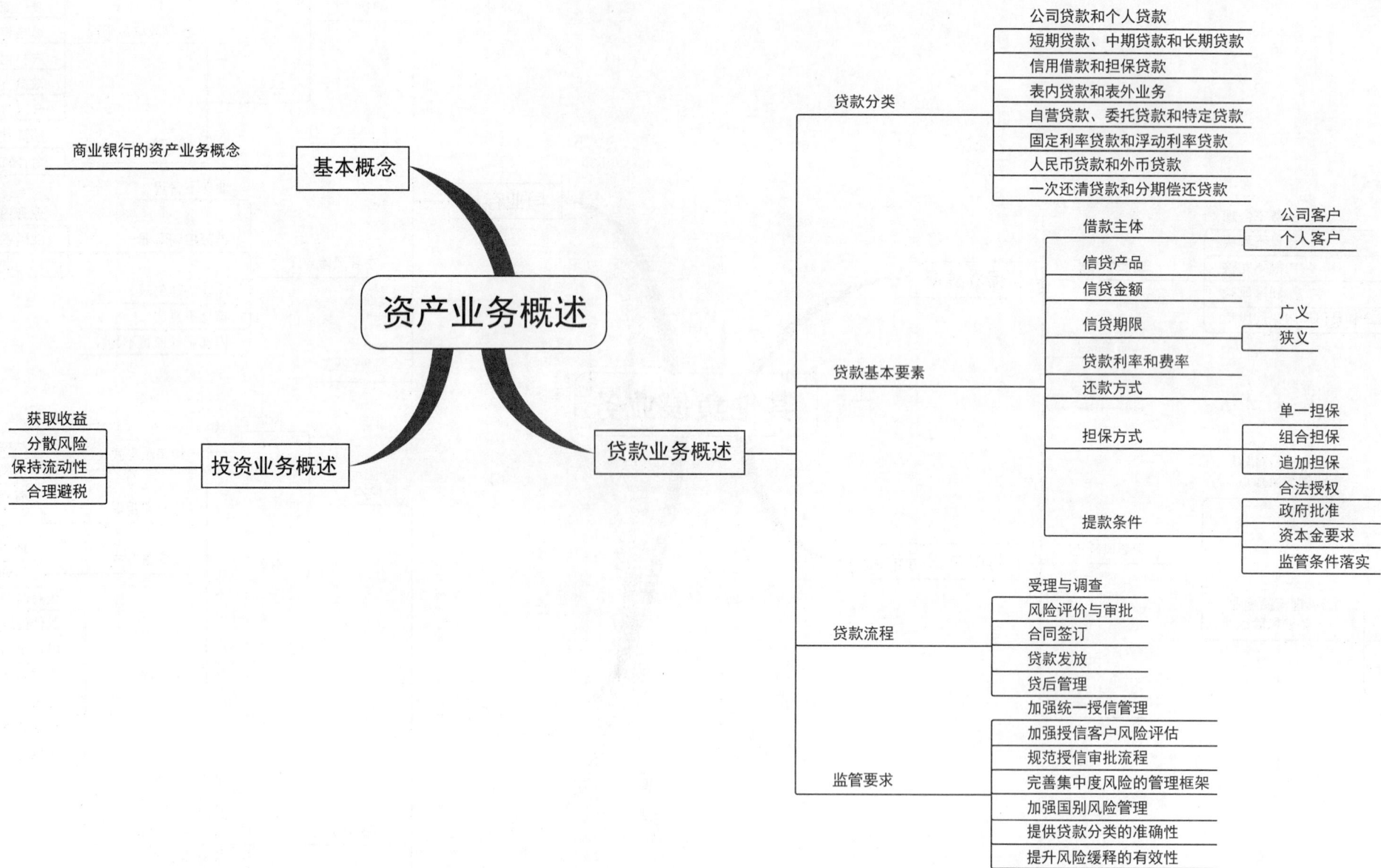

第二节 贷款业务

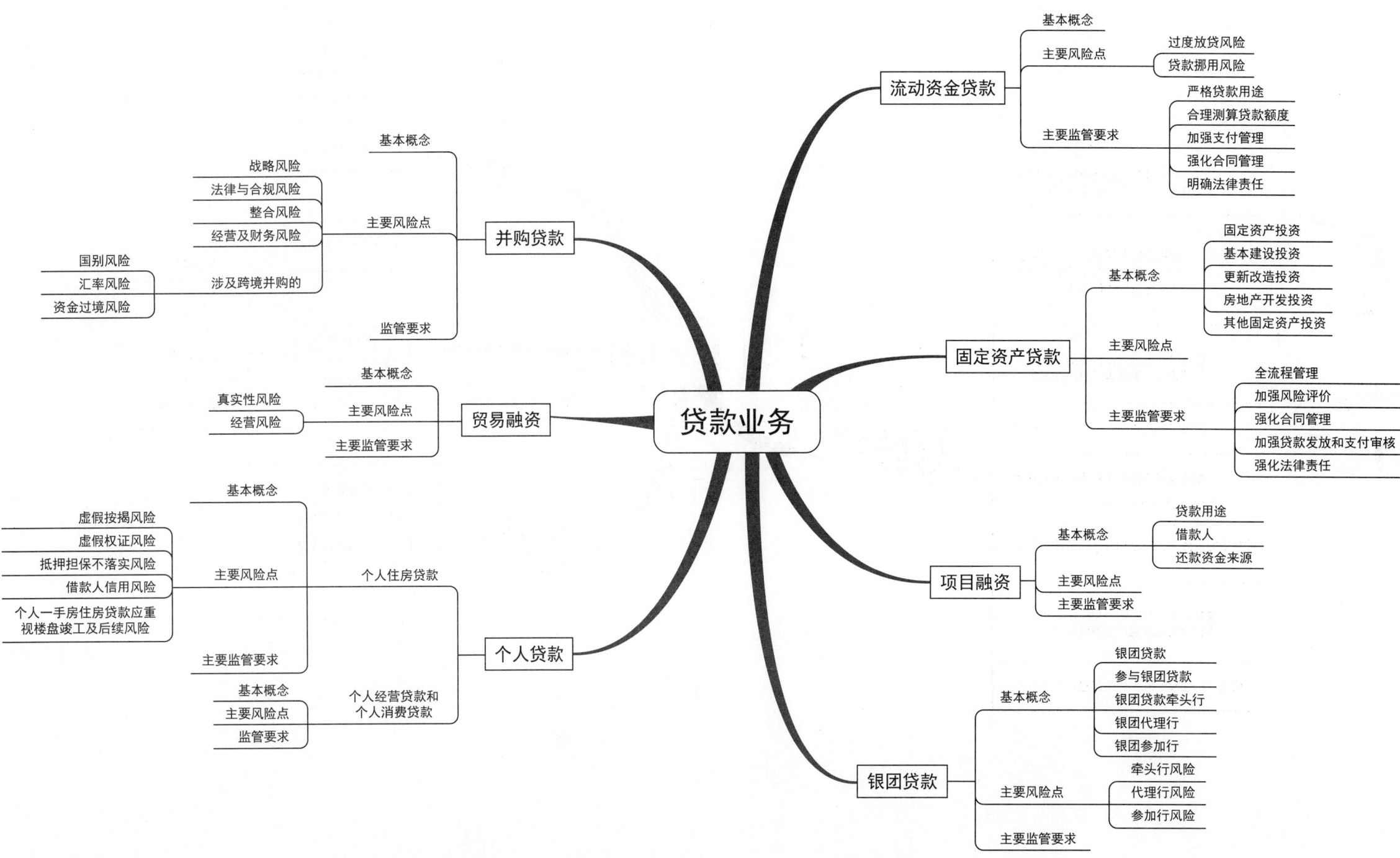

第三节 投资业务

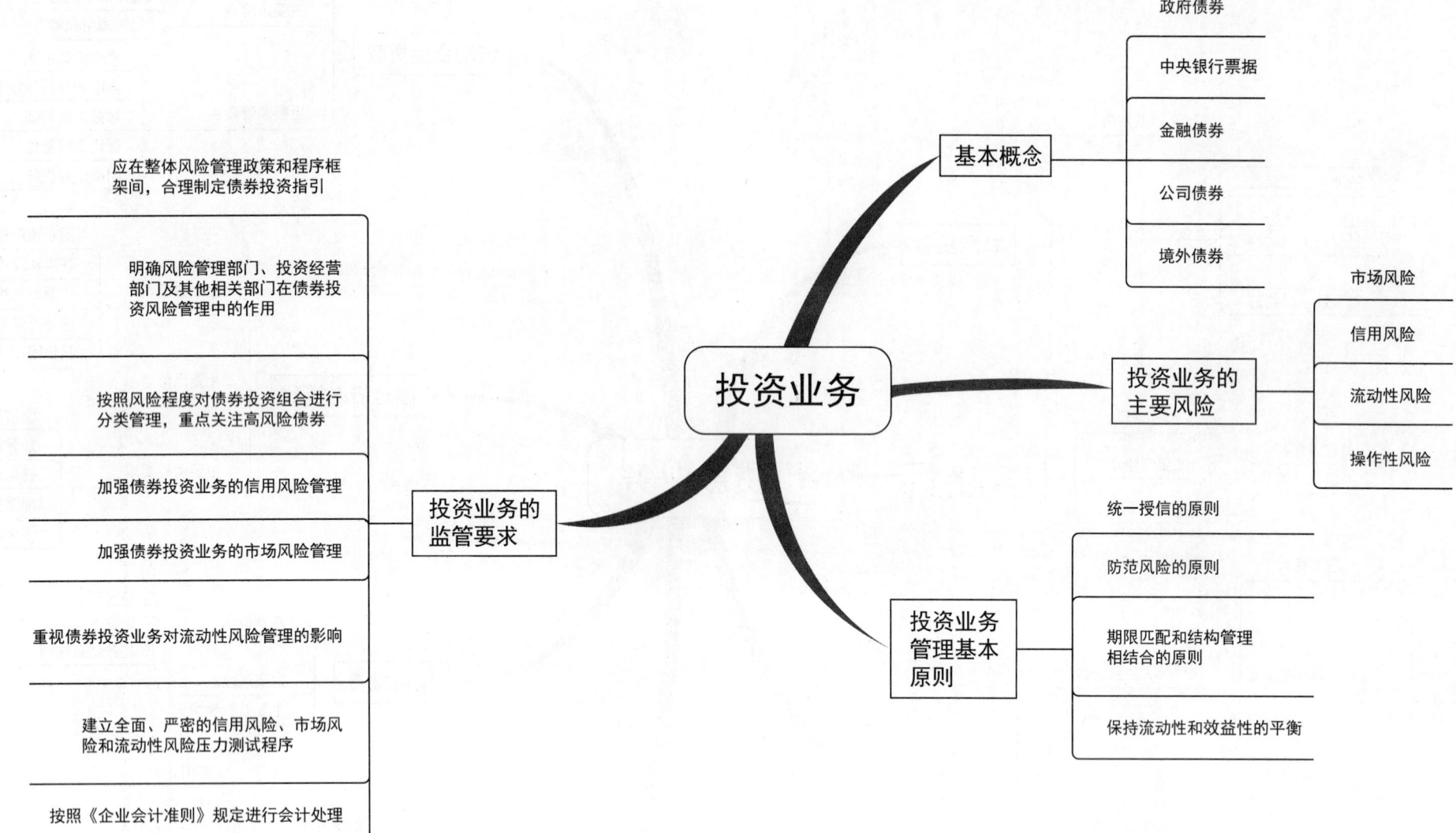

第七章 其他业务

第一节 其他业务概述

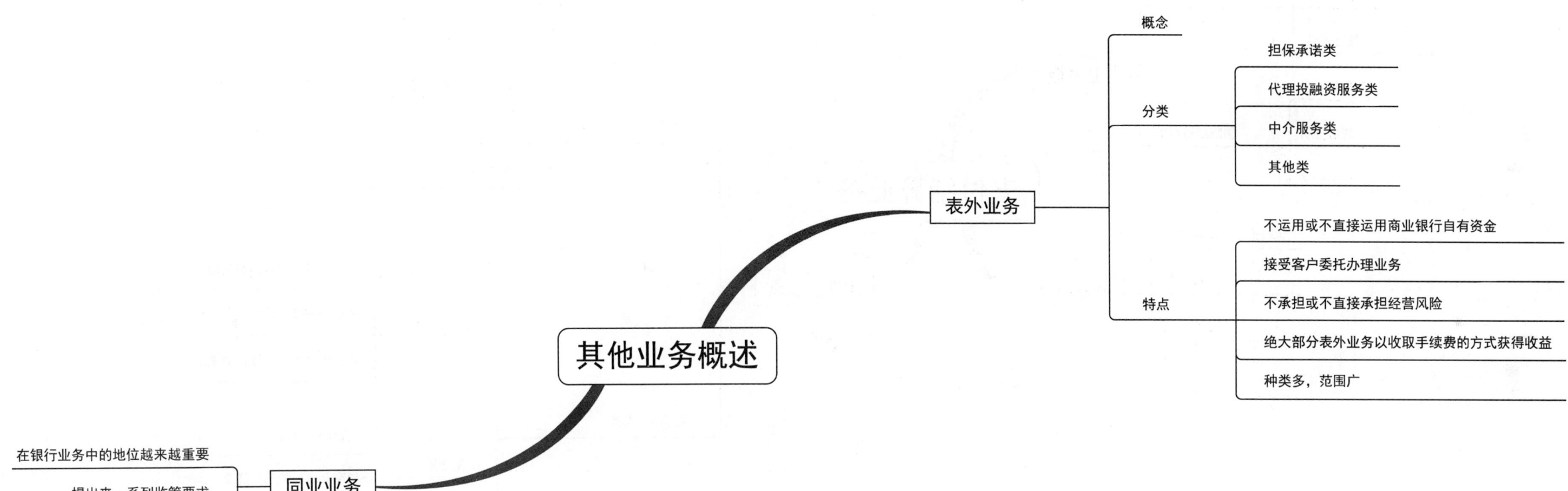

第二节 支付结算业务

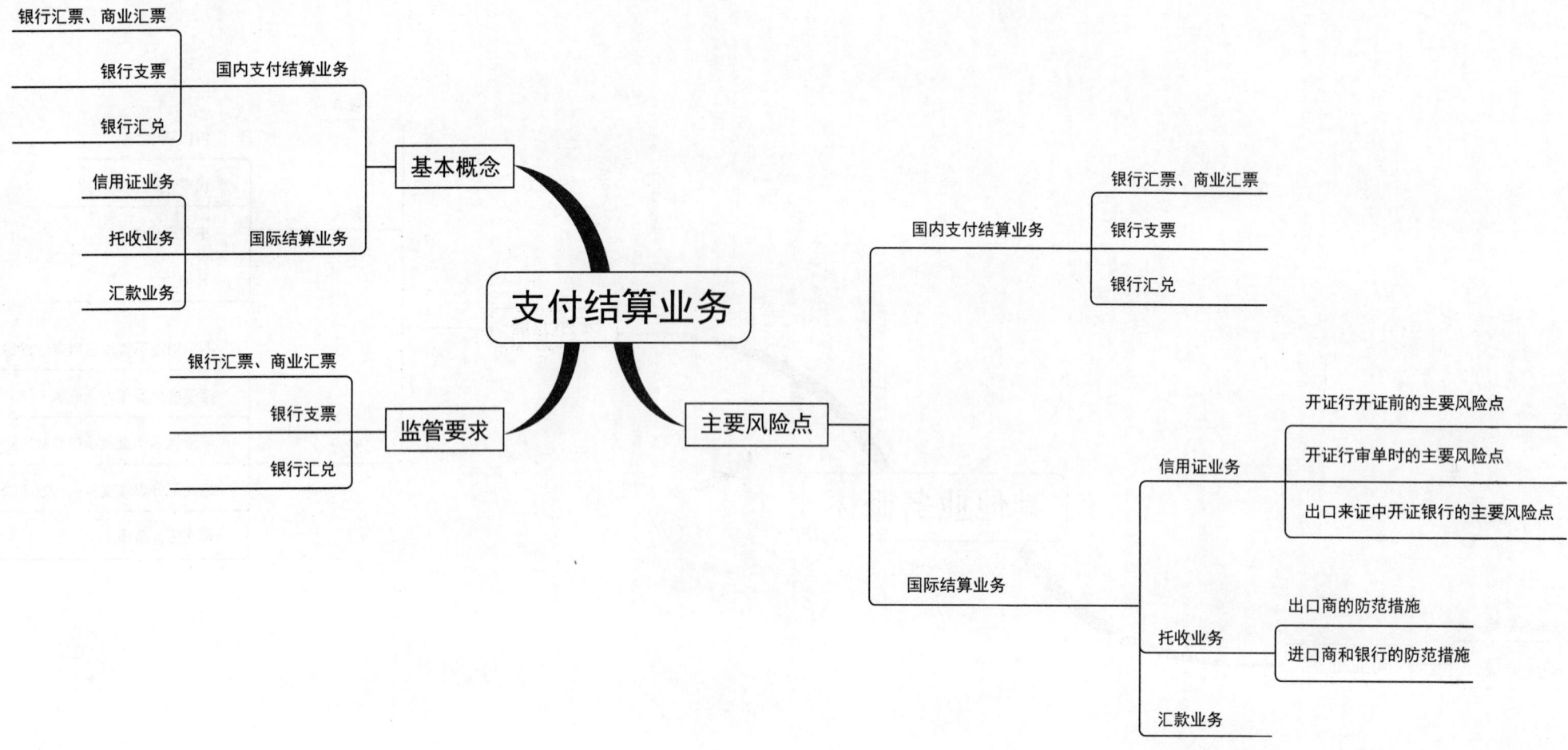

第三节 银行卡业务

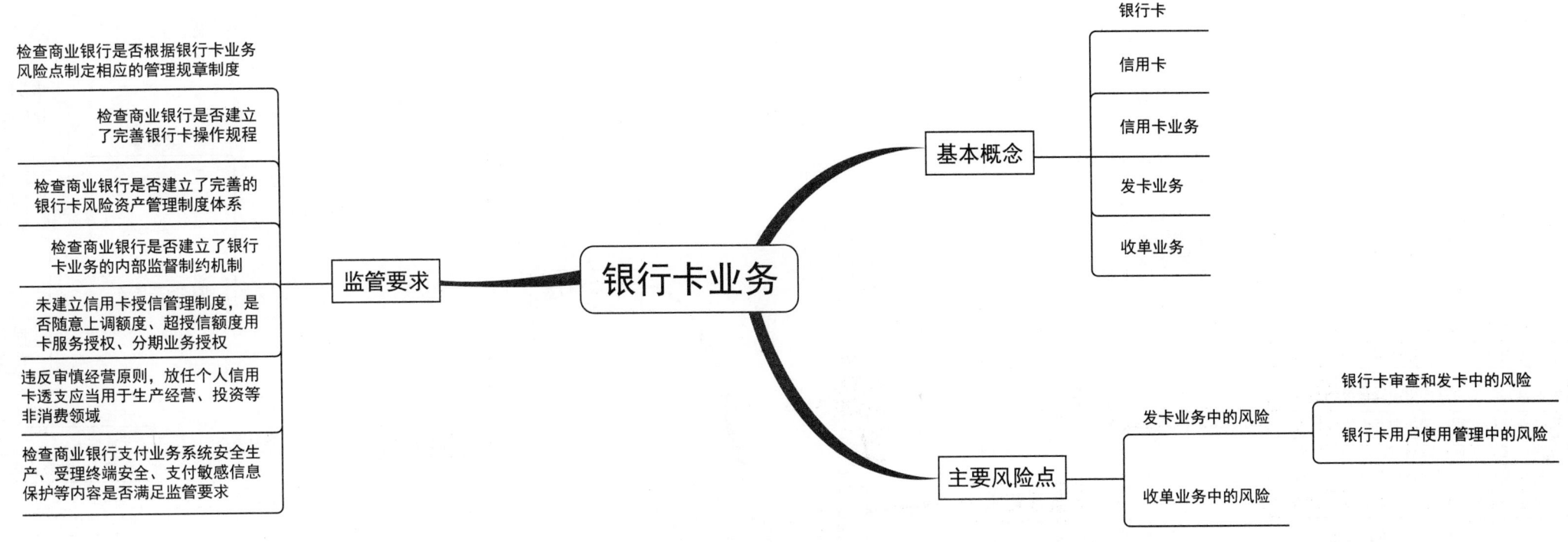

第四节 担保类业务

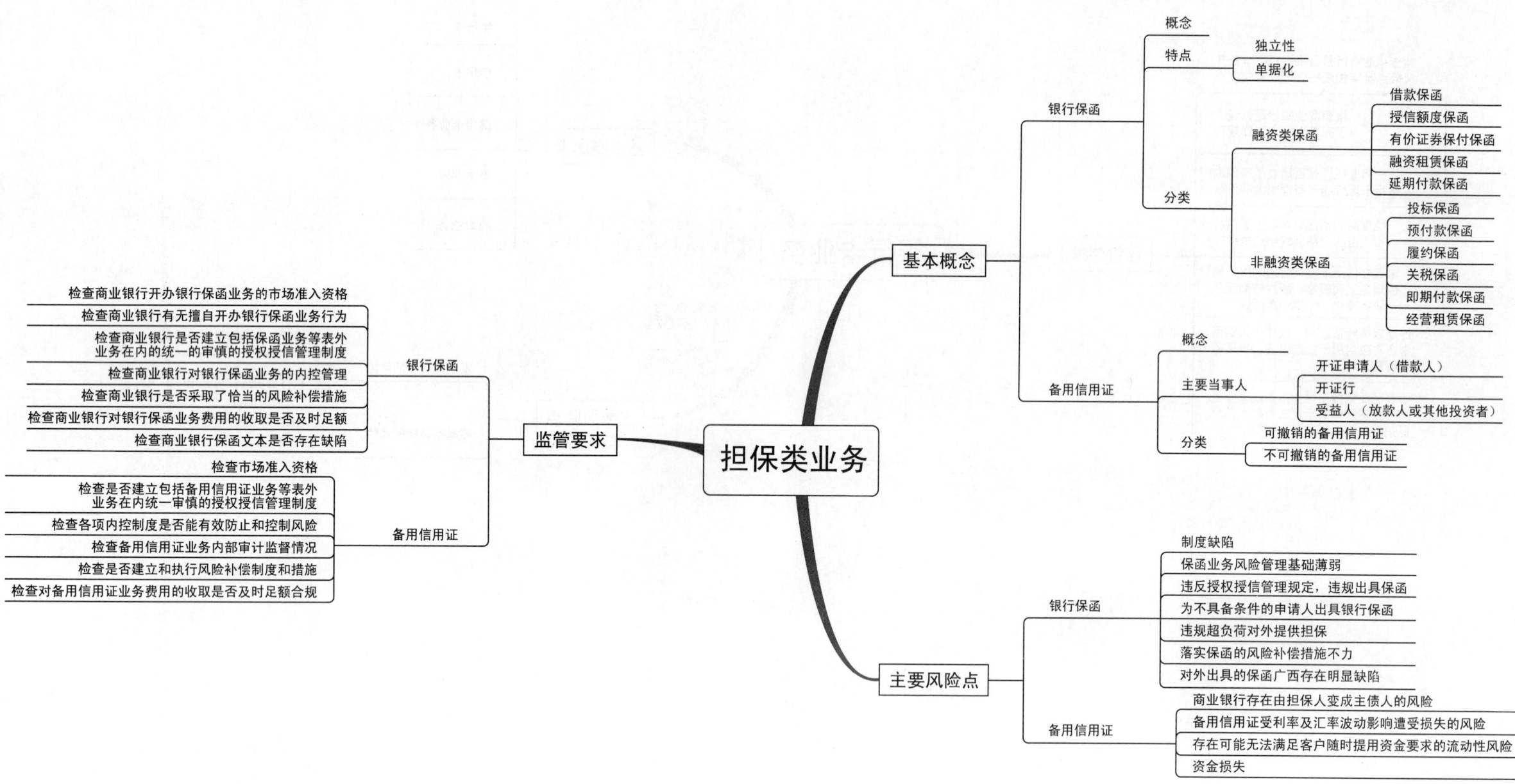

第五节 贷款承诺业务

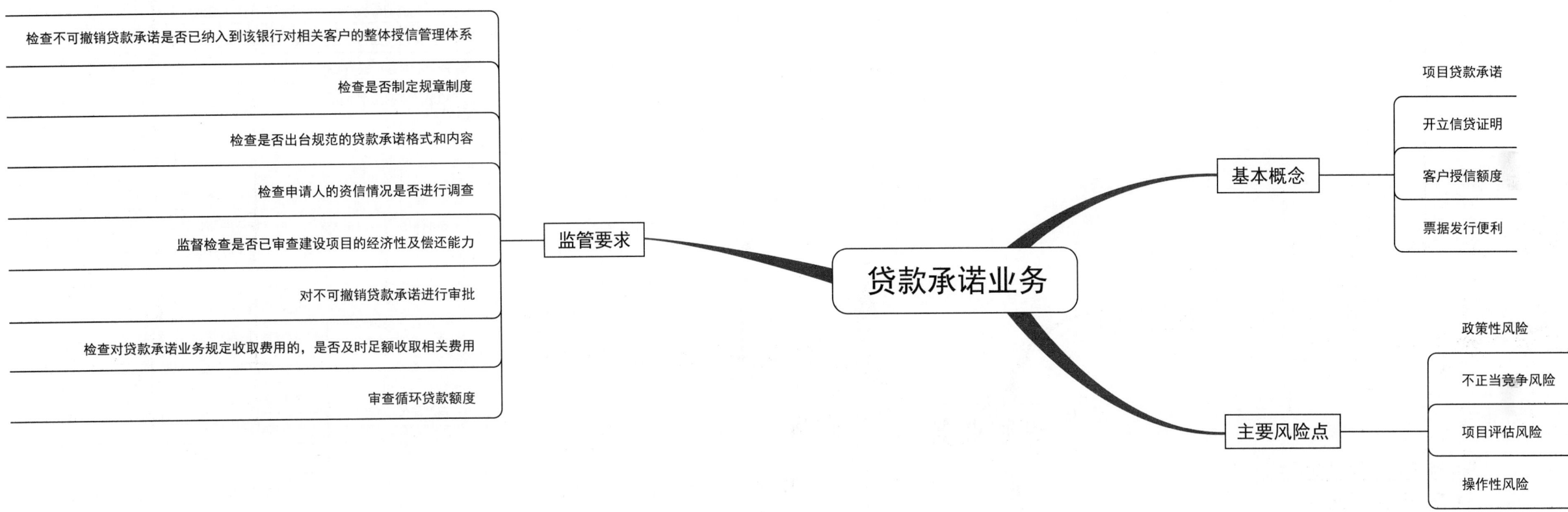

第六节 理财业务

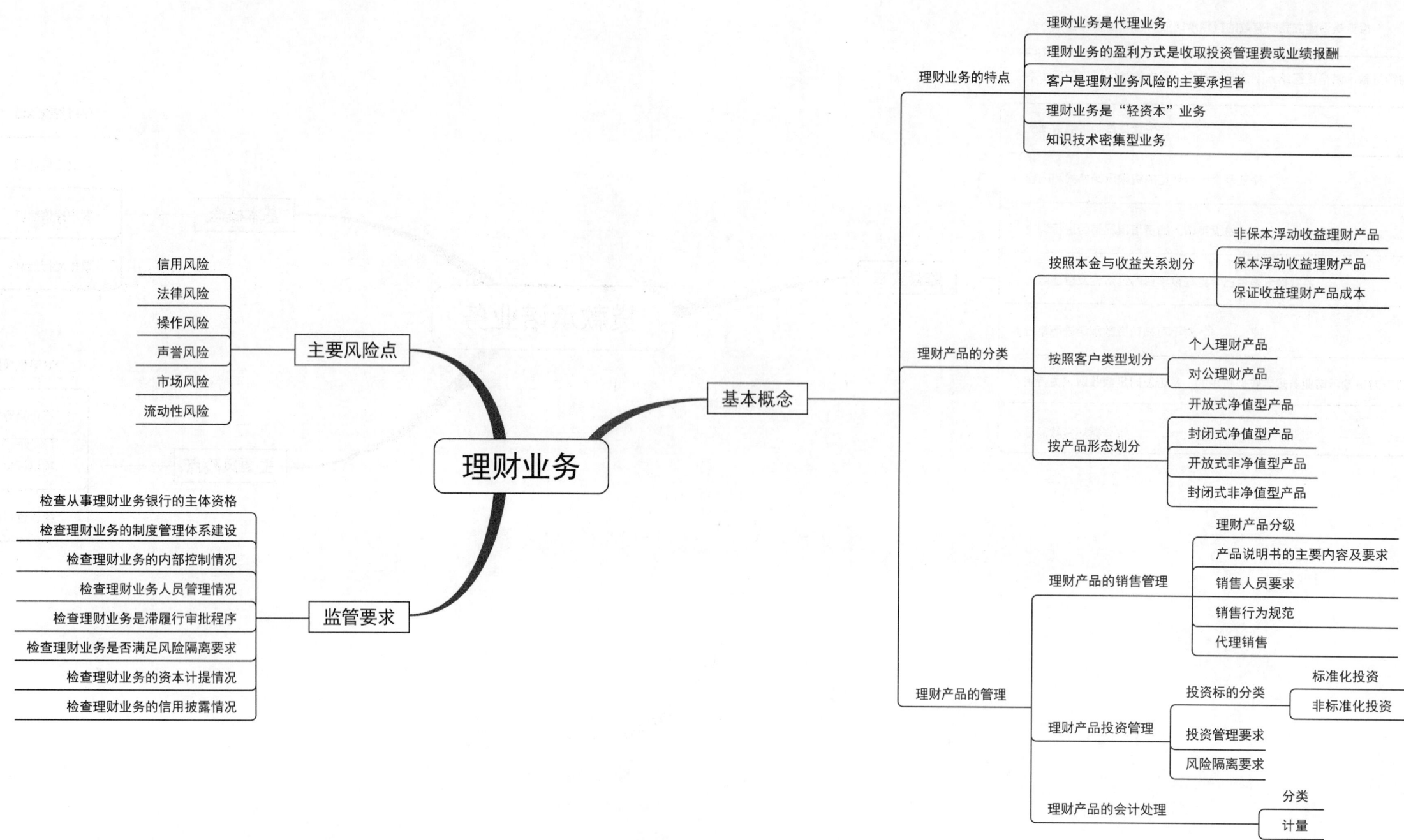

第七节　同业业务

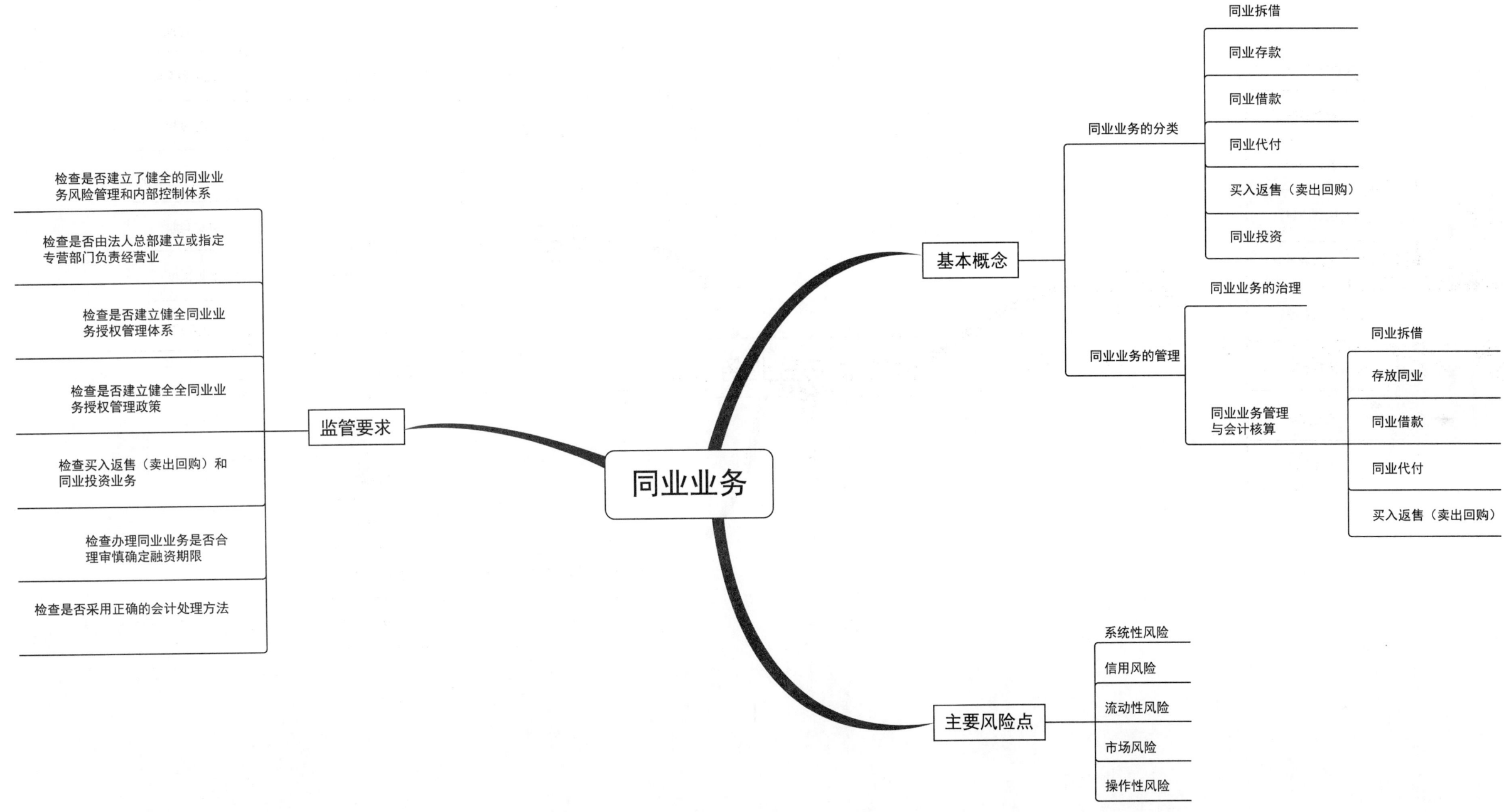

第八节 衍生品交易业务

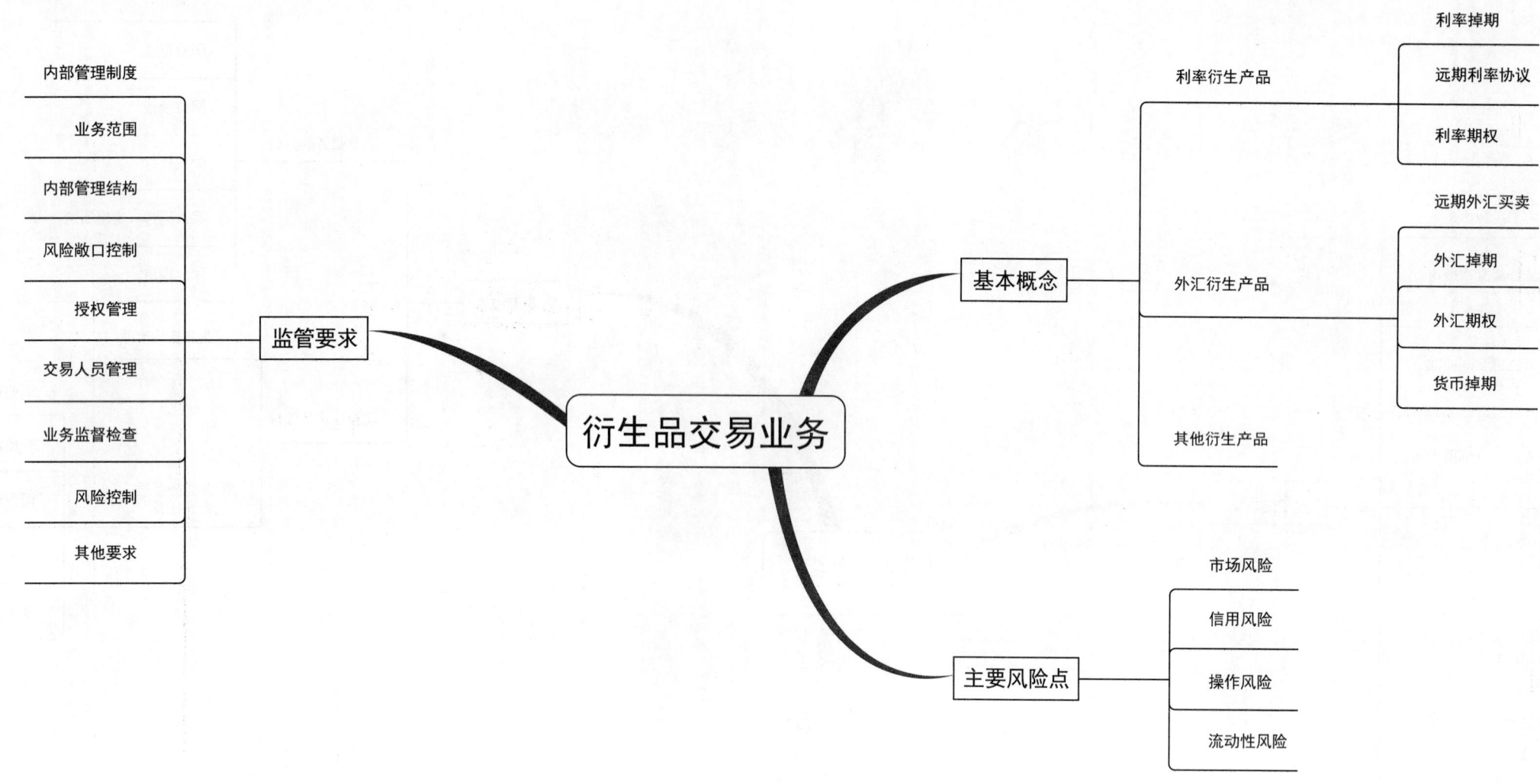

第八章 金融创新管理

第一节 金融创新趋势

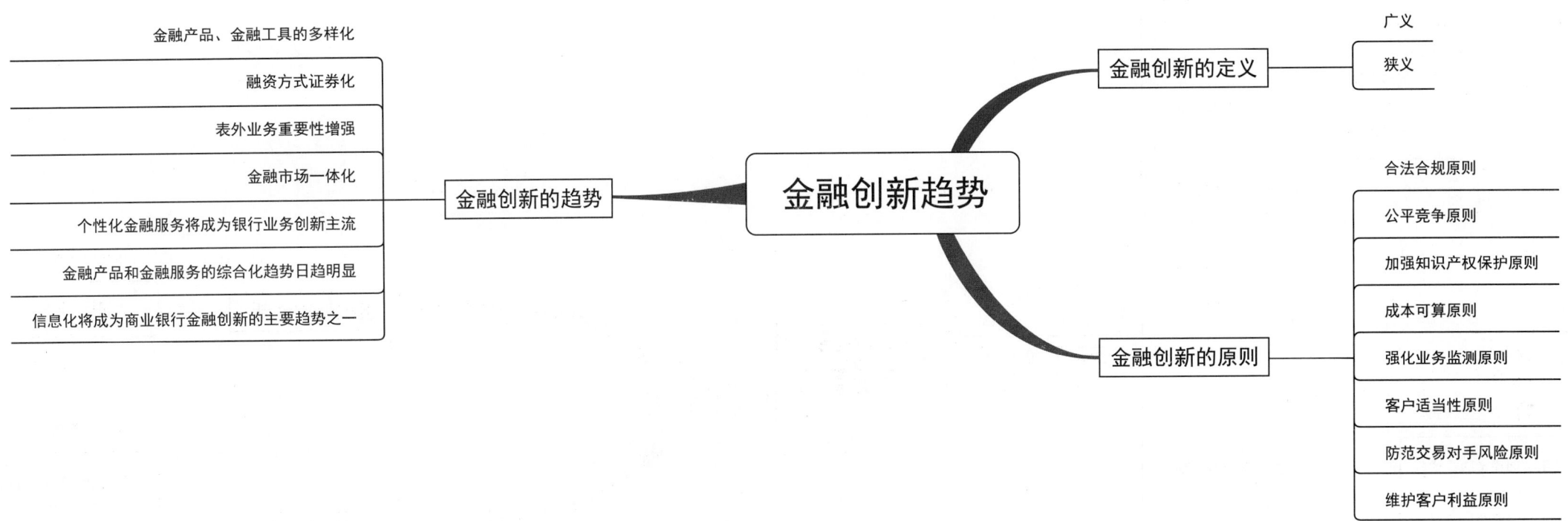

第二节 金融创新实践

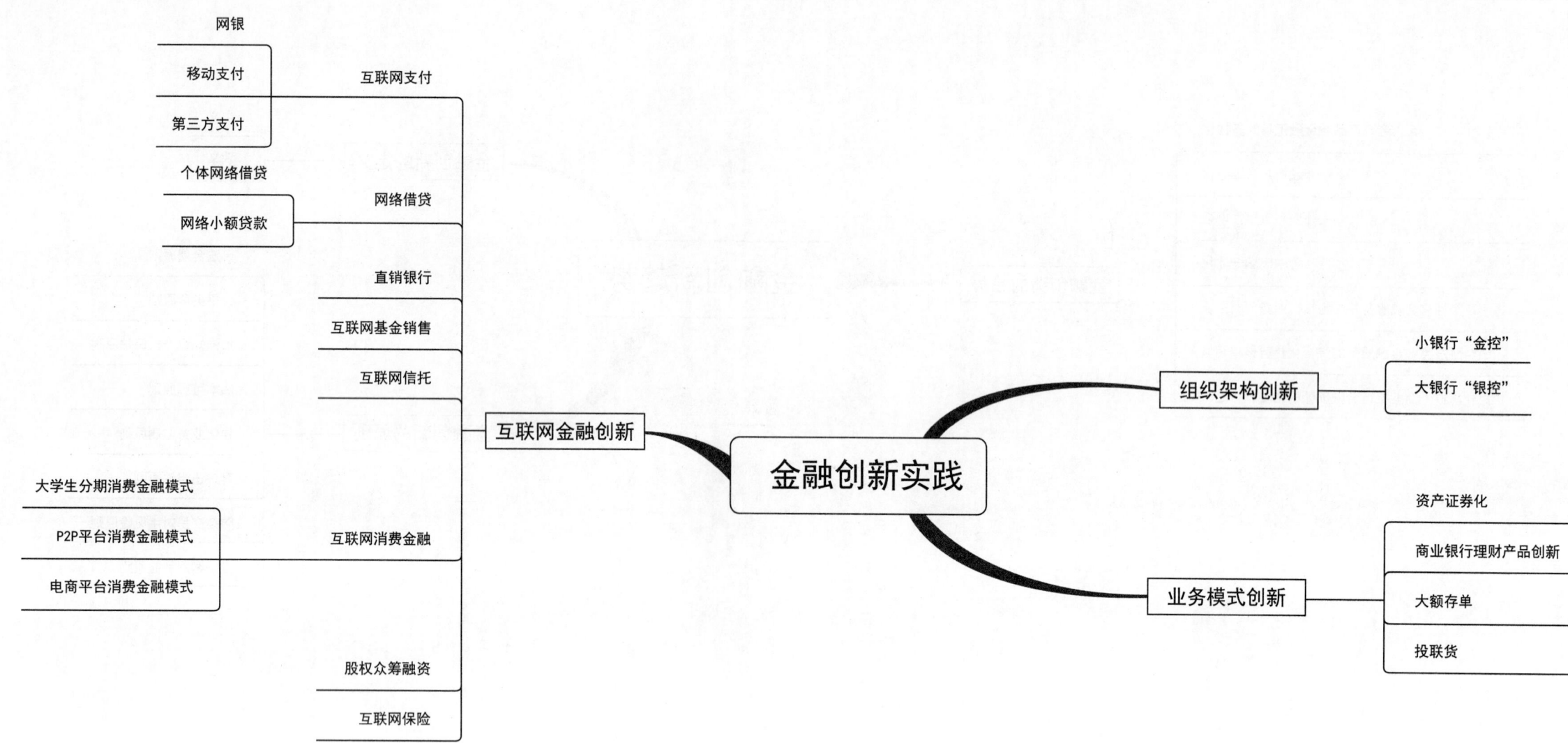

第三节 金融创新管理与监督

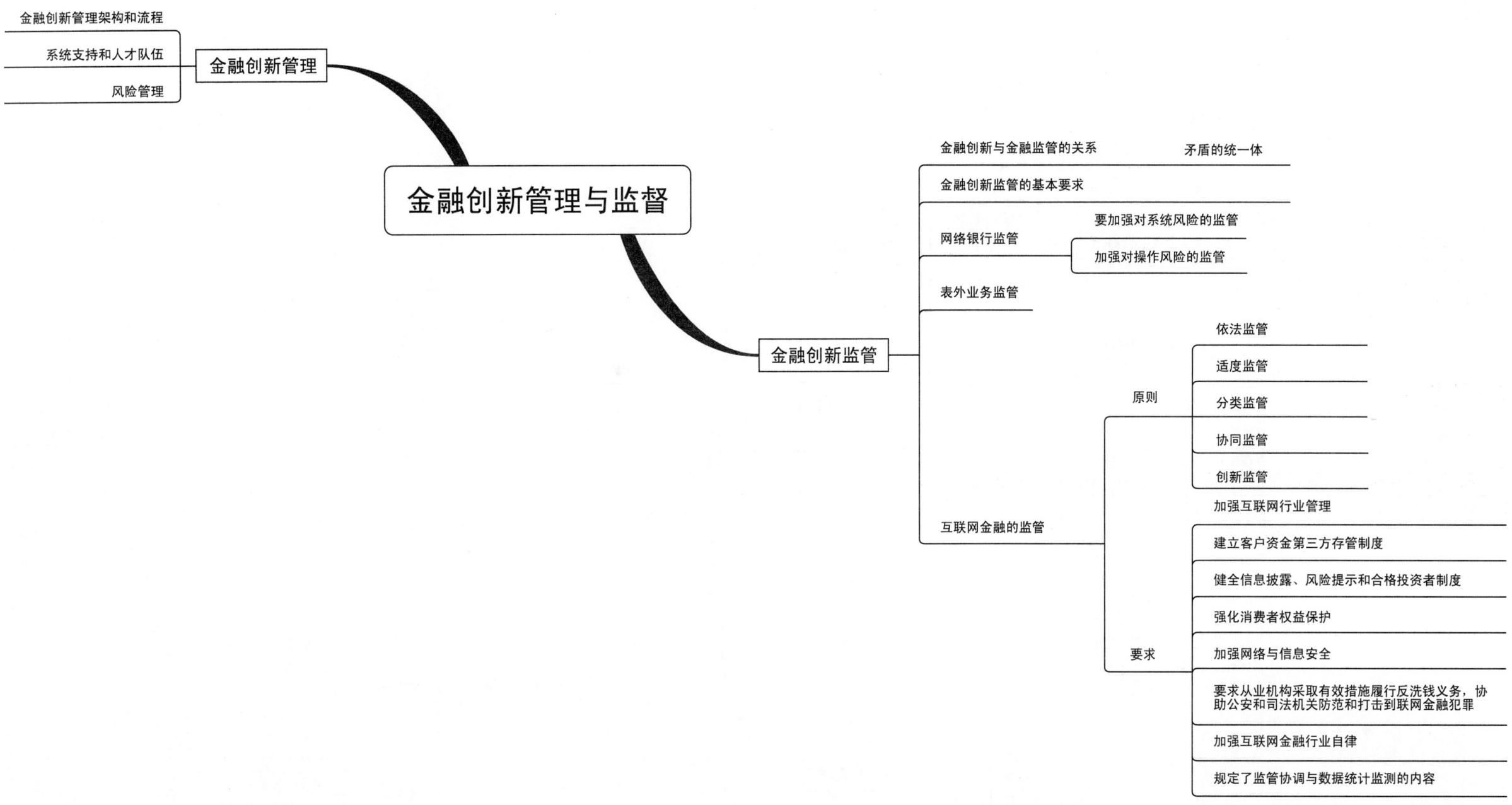

第九章 公司治理与内部控制

第一节 公司治理

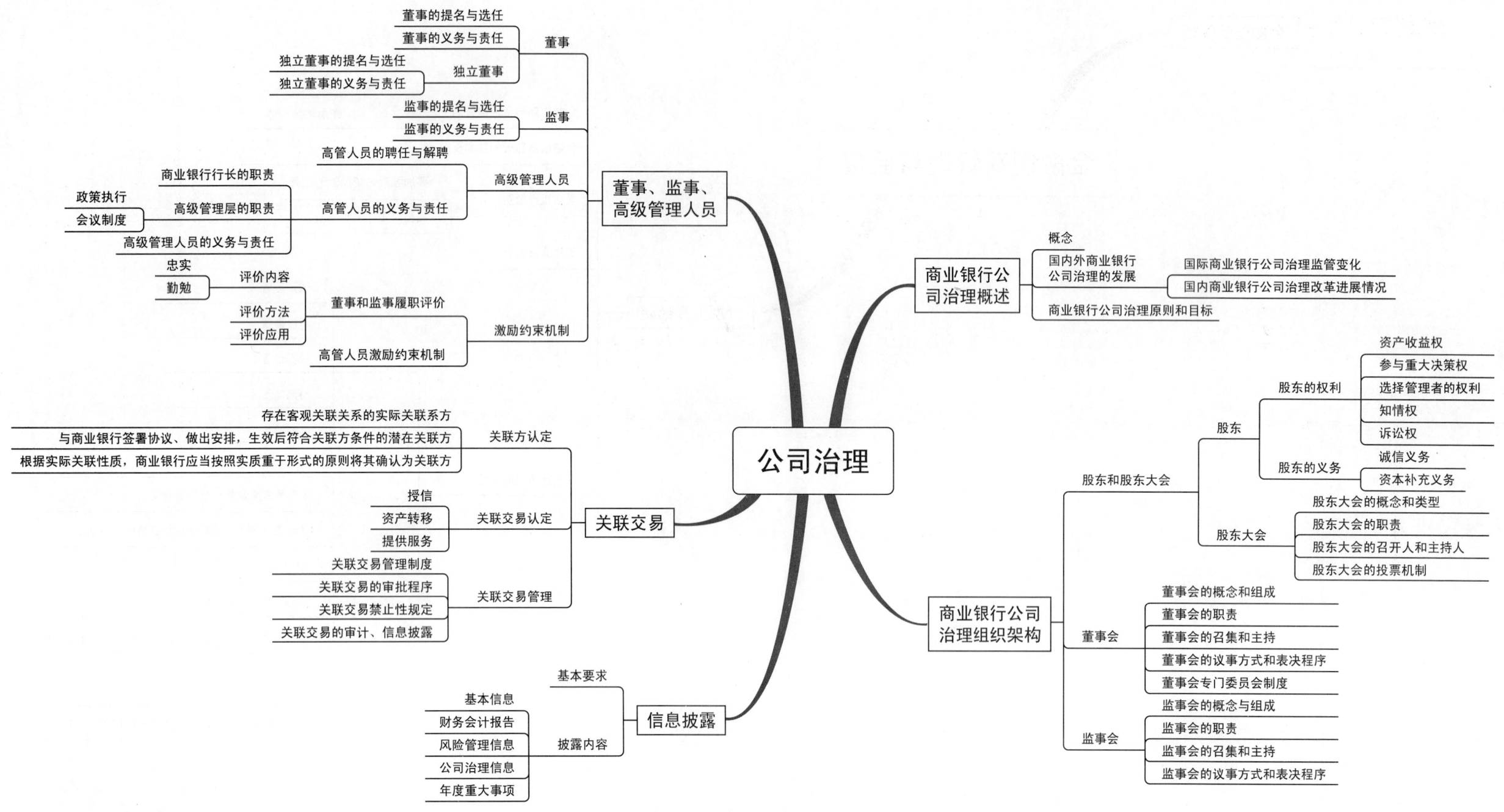

第二节 内部控制

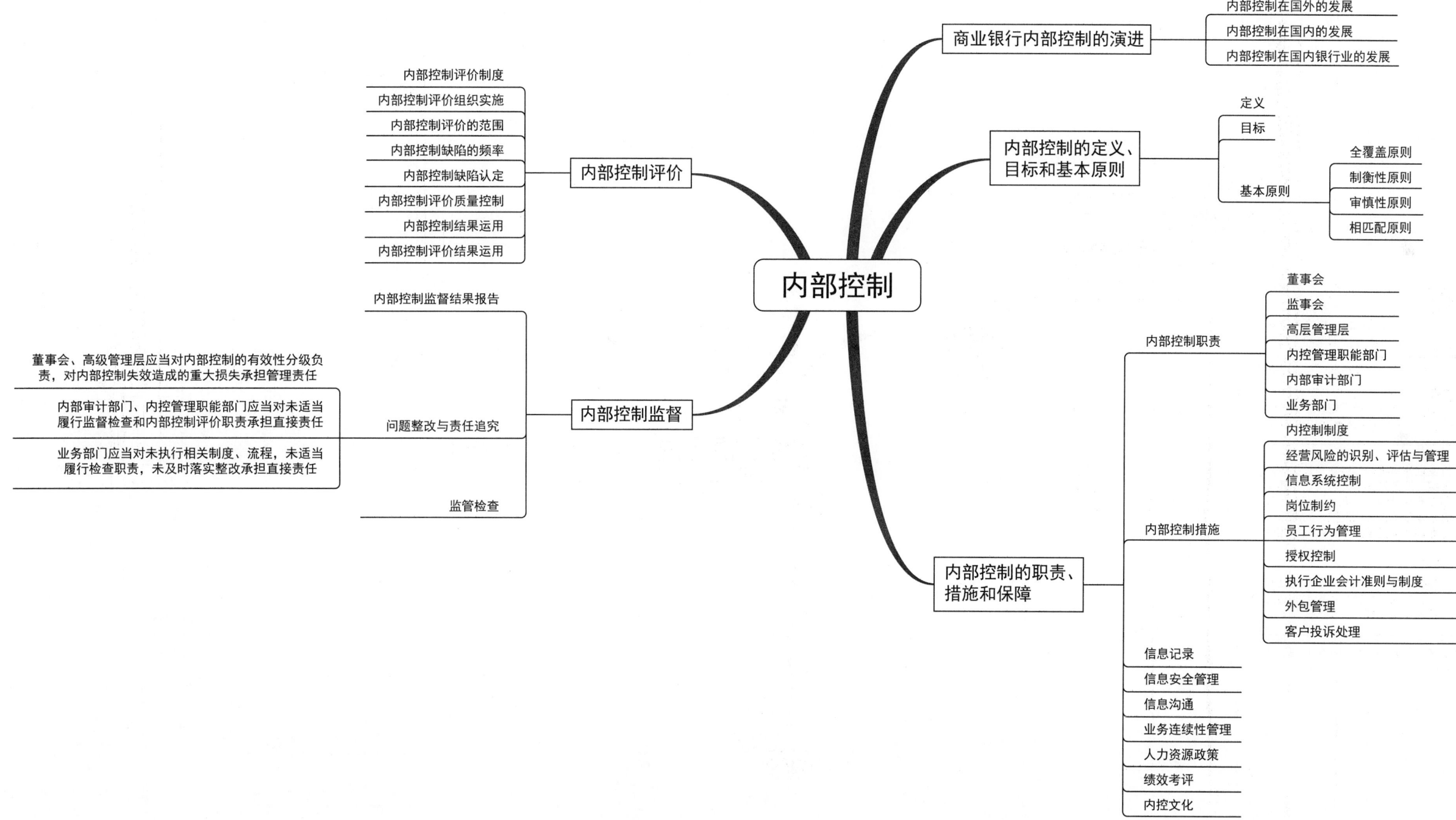

第三节 商业银行内外部审计

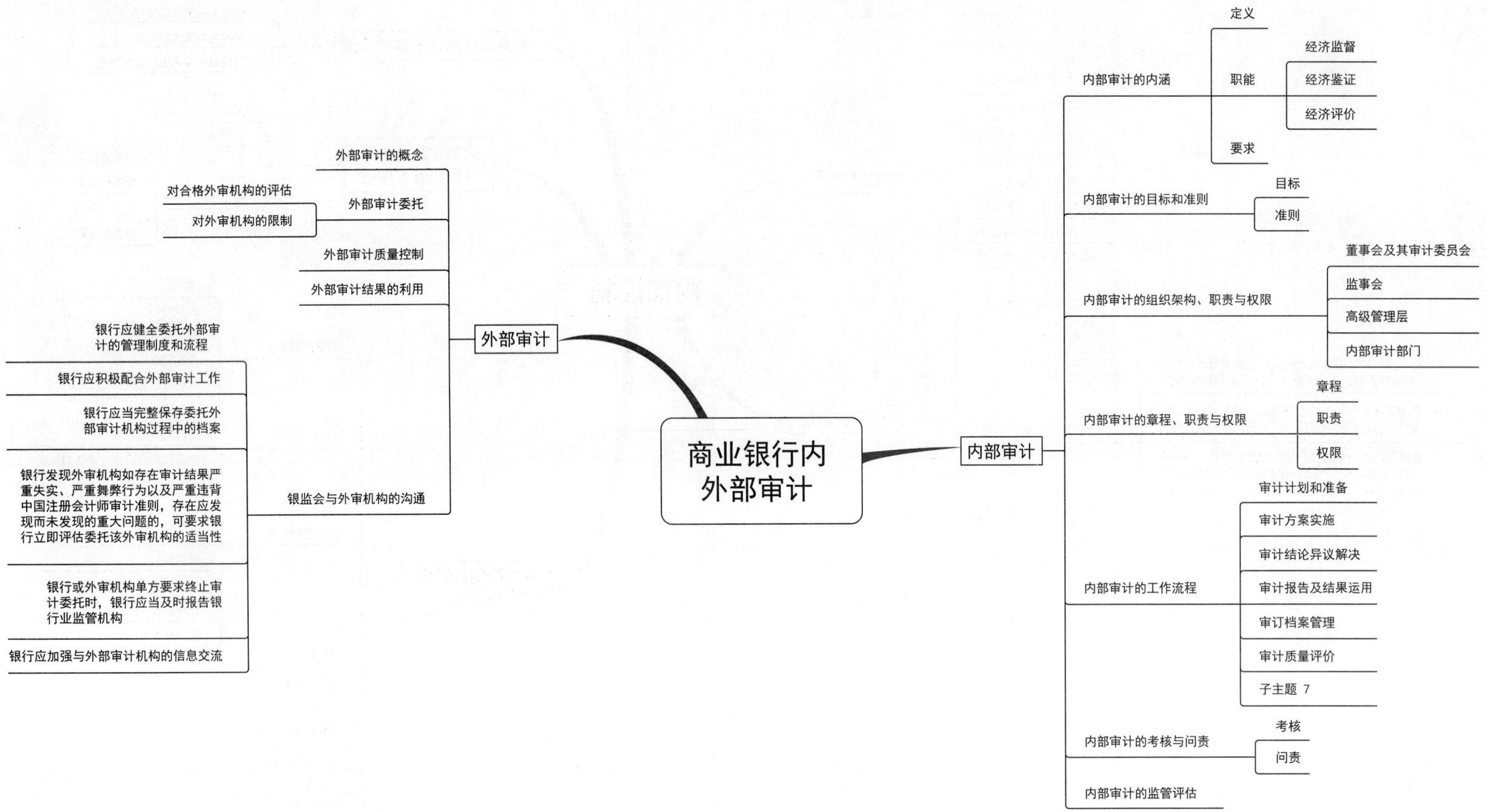

第十章 全面风险管理

第一节 全面风险管理概述

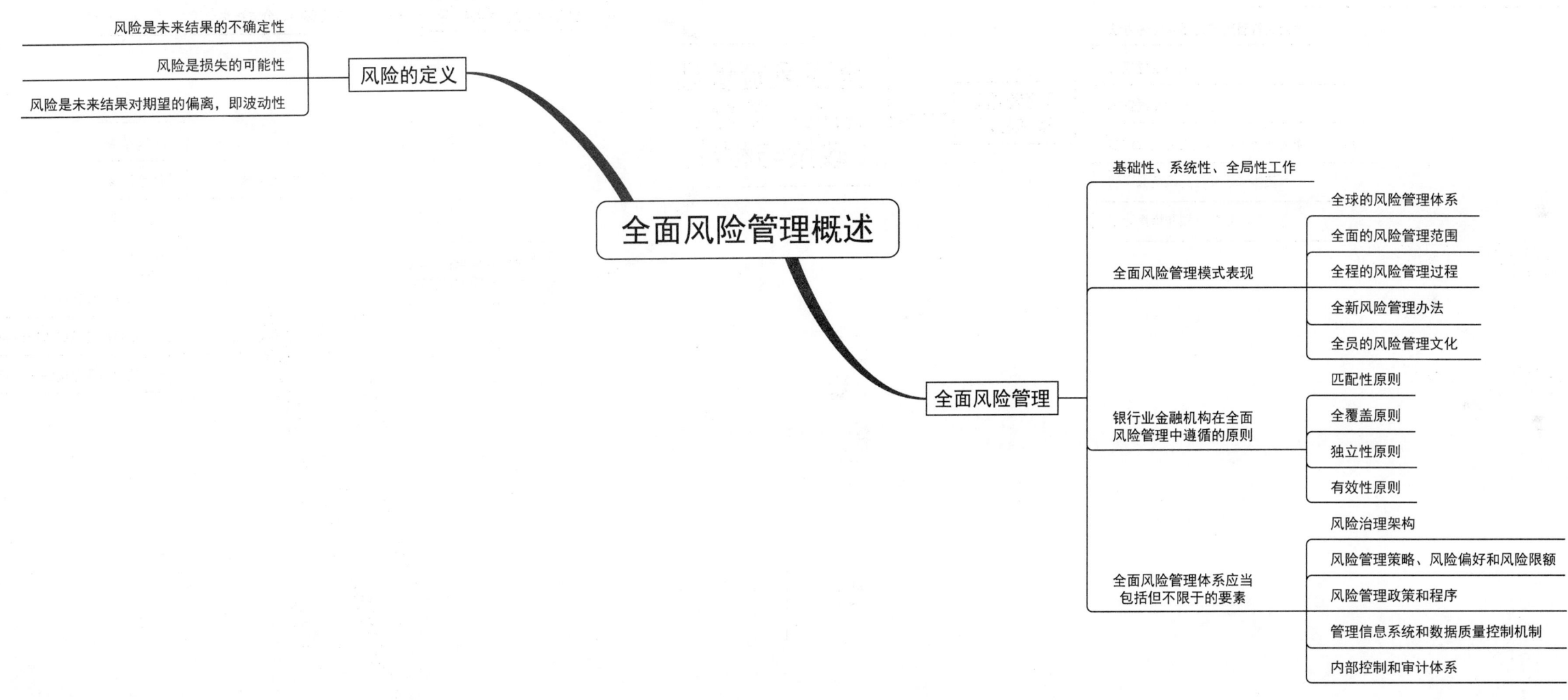

第二节 全面风险管理架构、策略、政策与程序

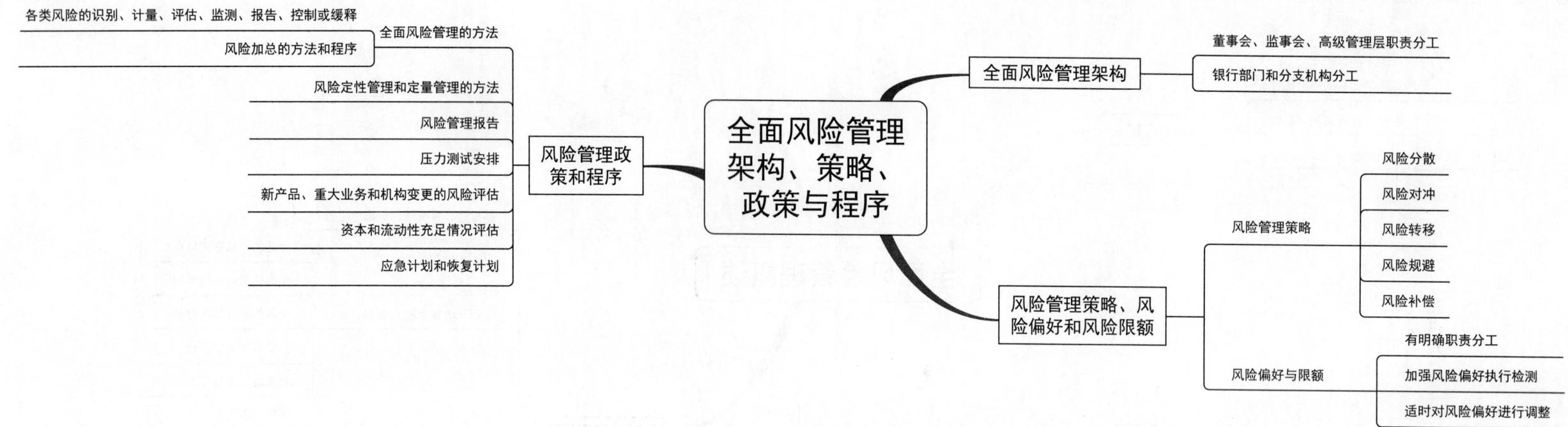

第三节 全面风险管理的管控手段

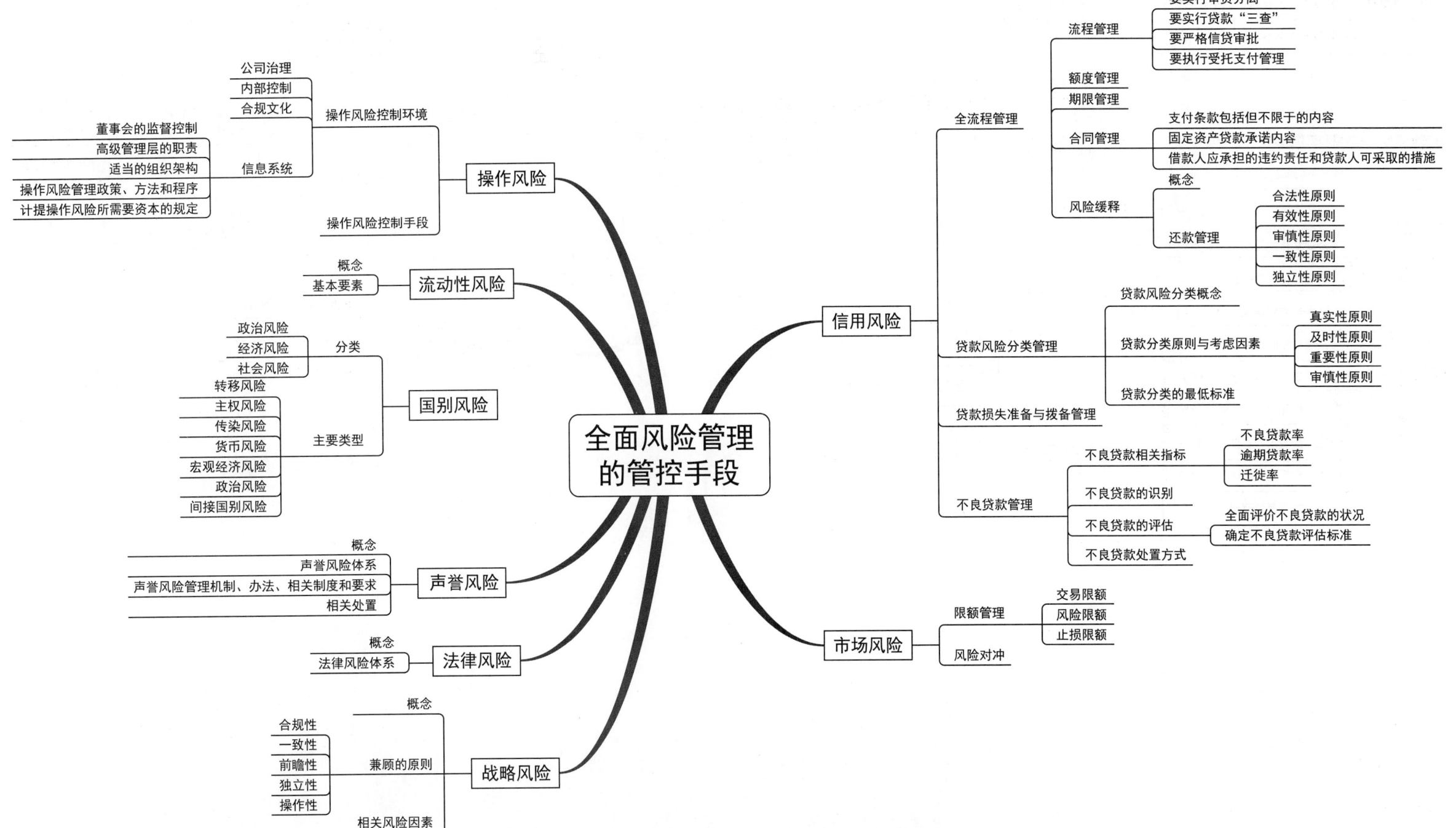

第四节 合规管理

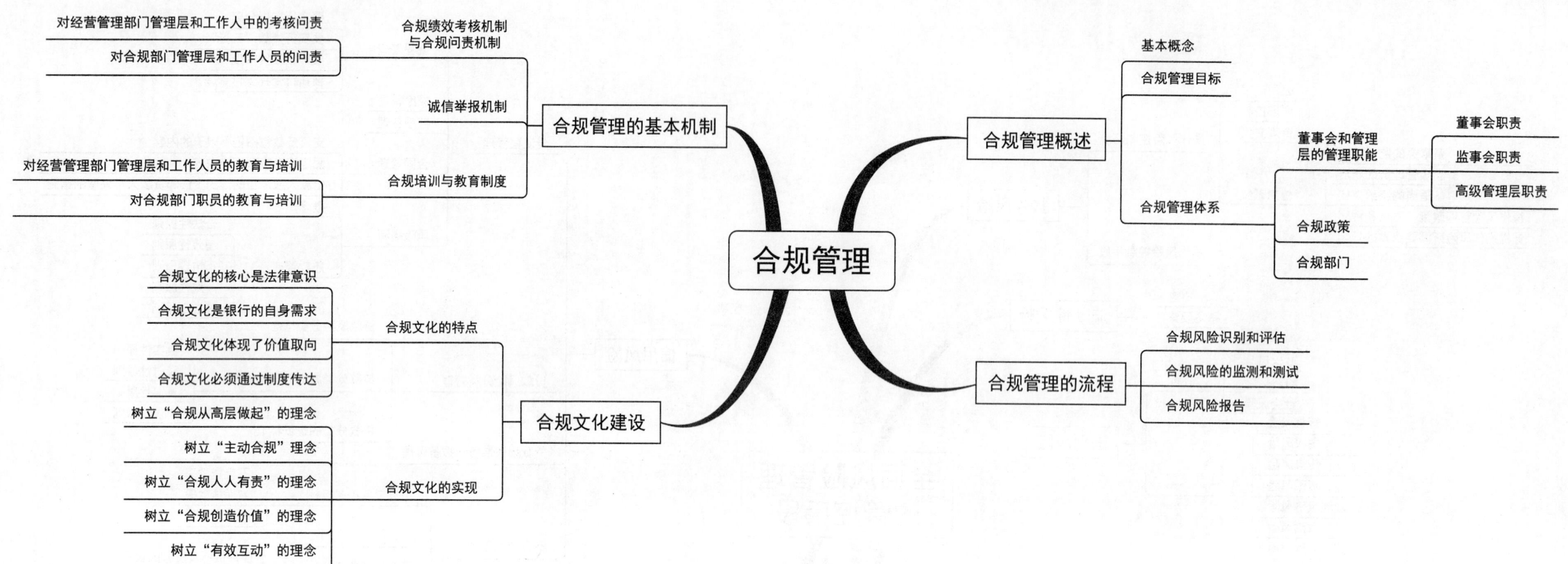

第十一章 资本管理

第一节 资本管理概述

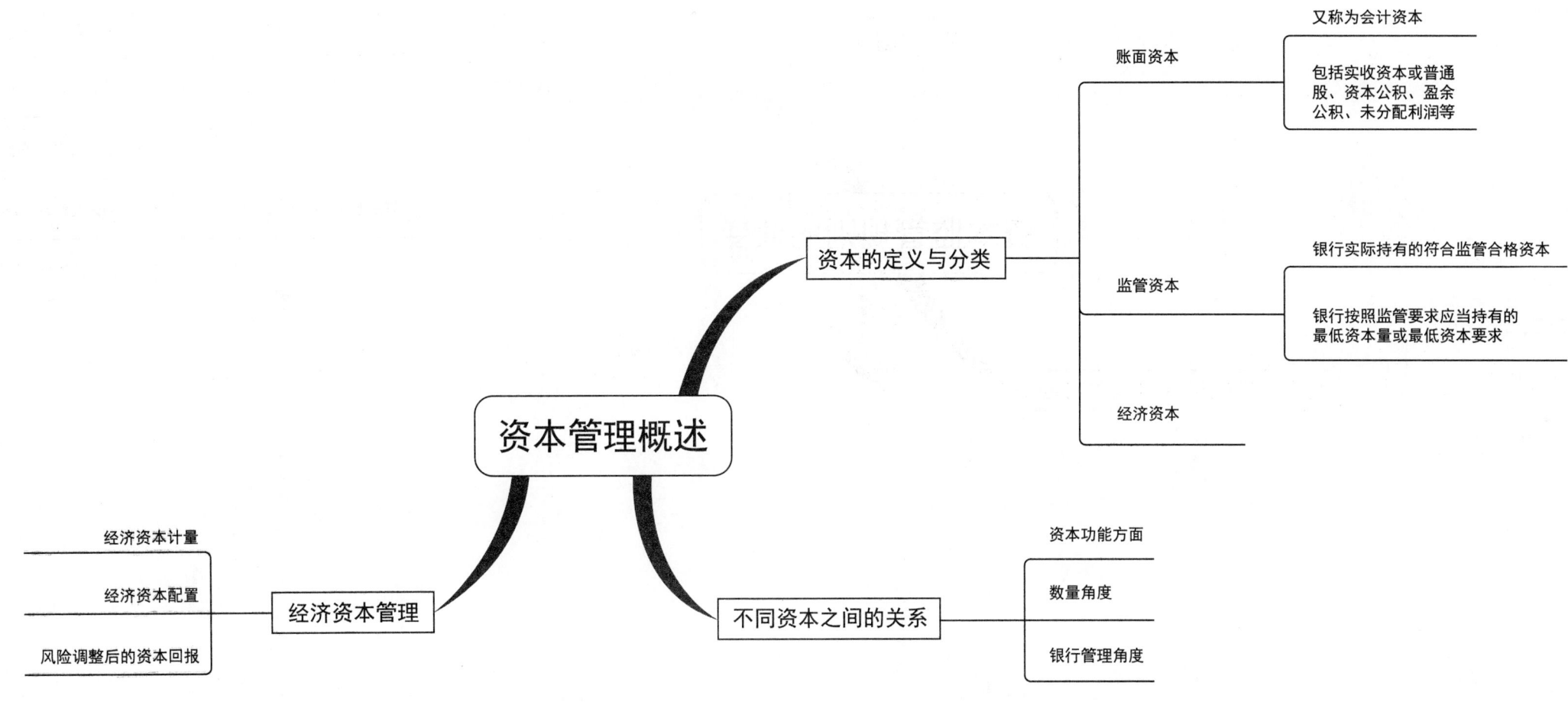

第二节 资本监管规则的演变

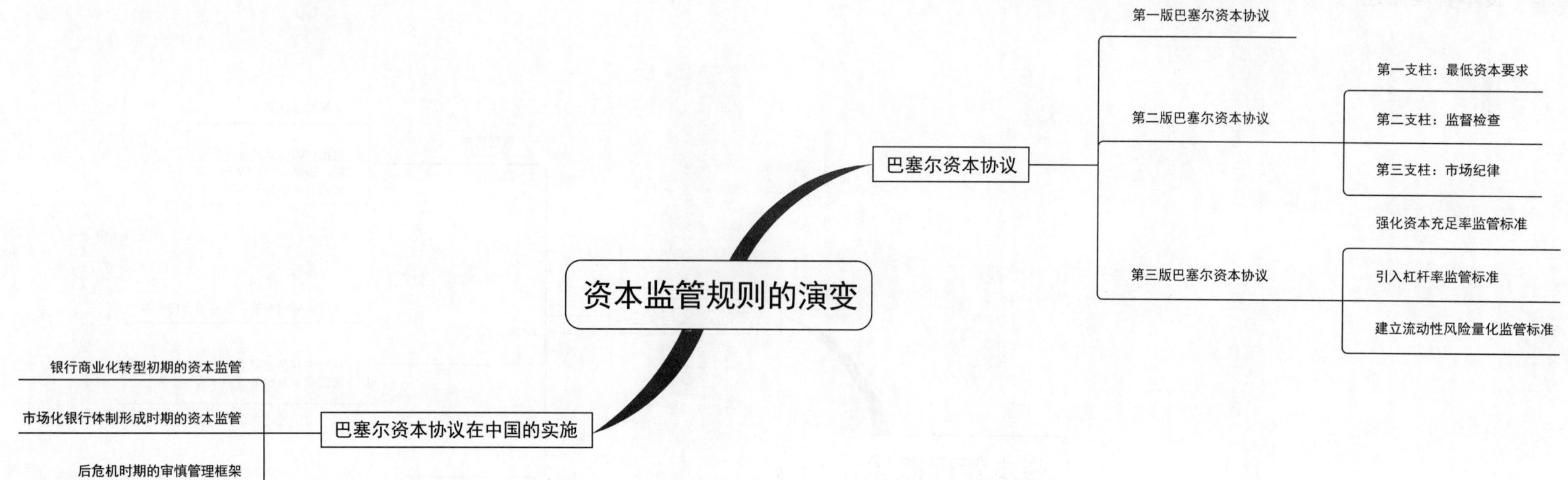

第三节 我国银行业的资本监管

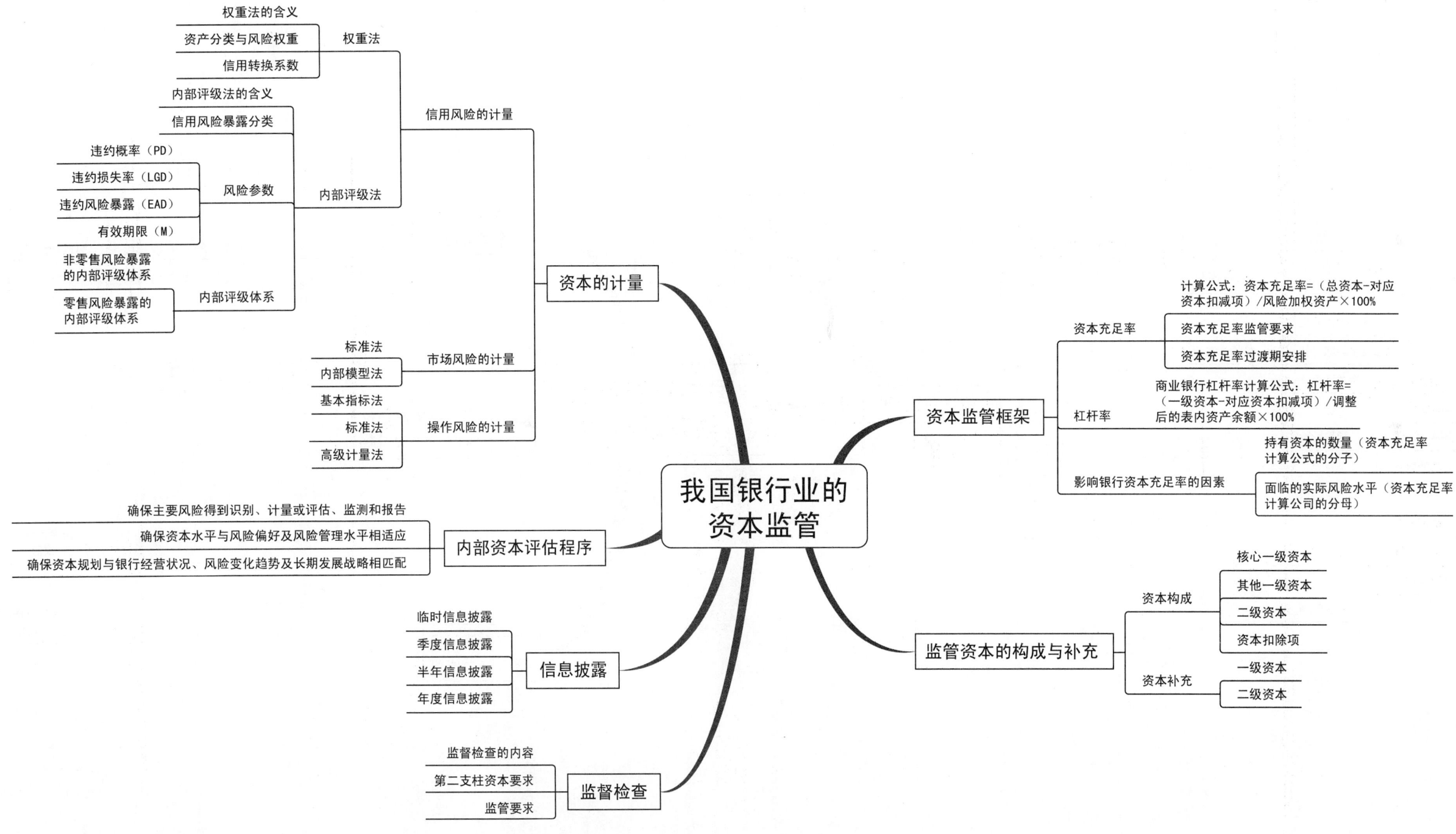

第十二章 资产负债管理

第一节 国内外资产负债管理概述

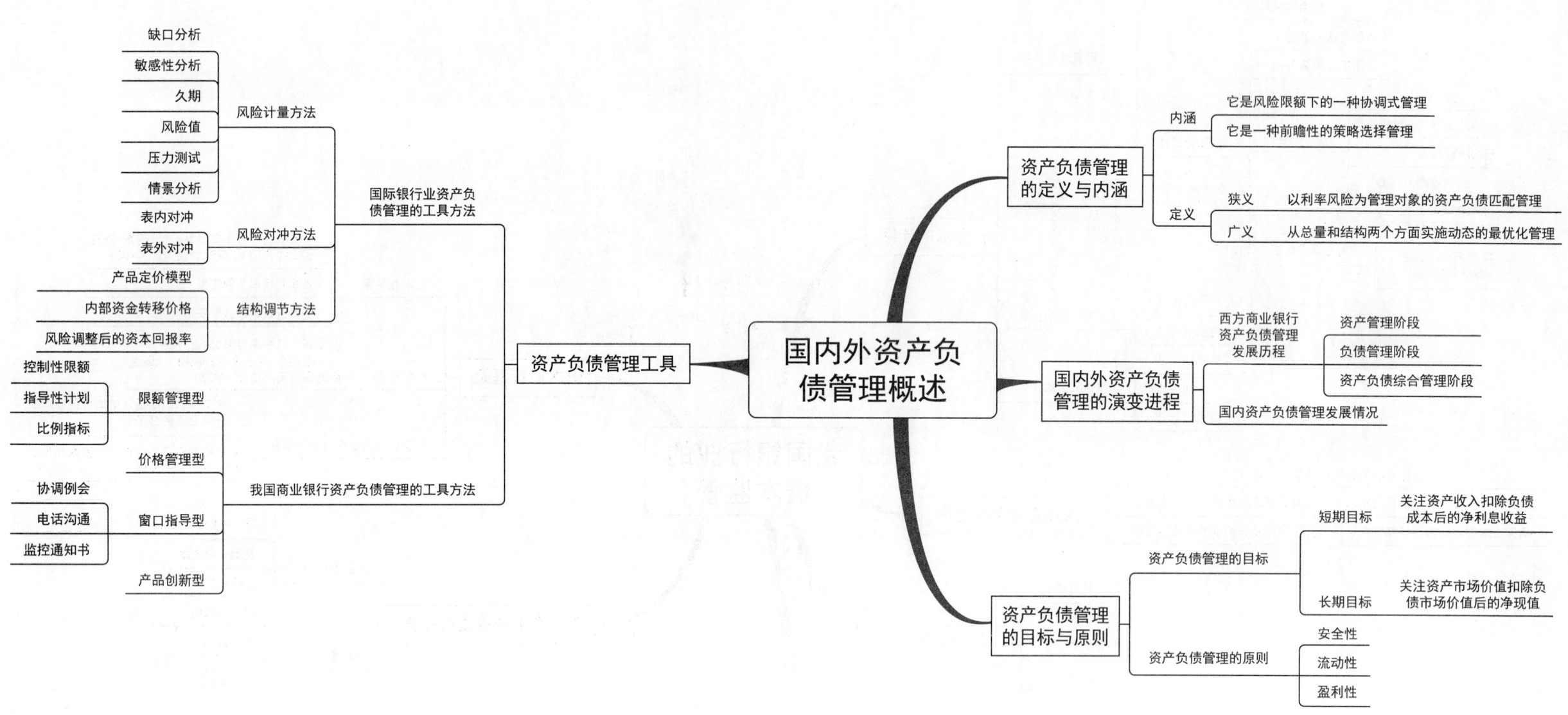

第二节 资产负债管理的具体内容

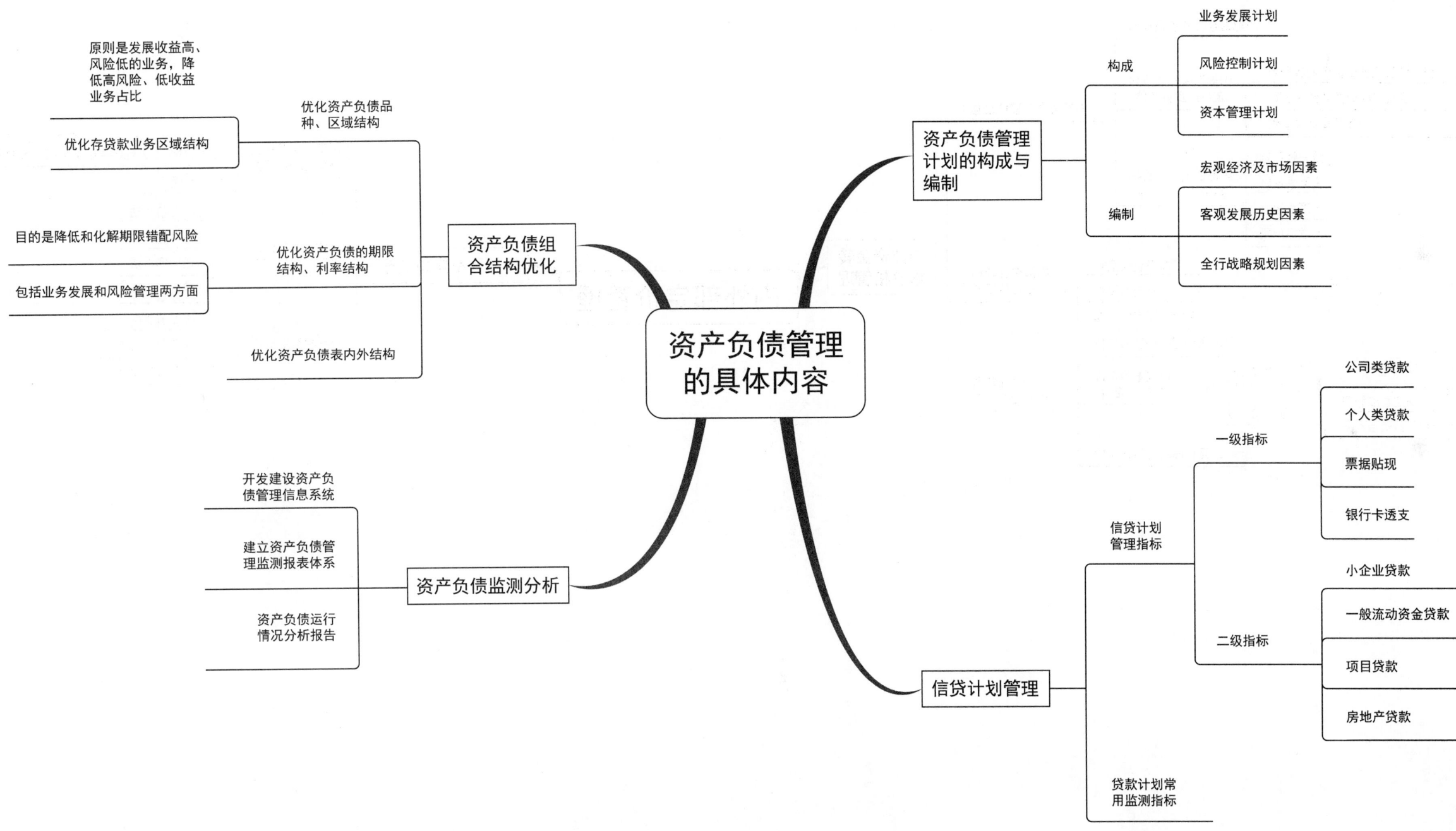

第三节 内外部定价管理

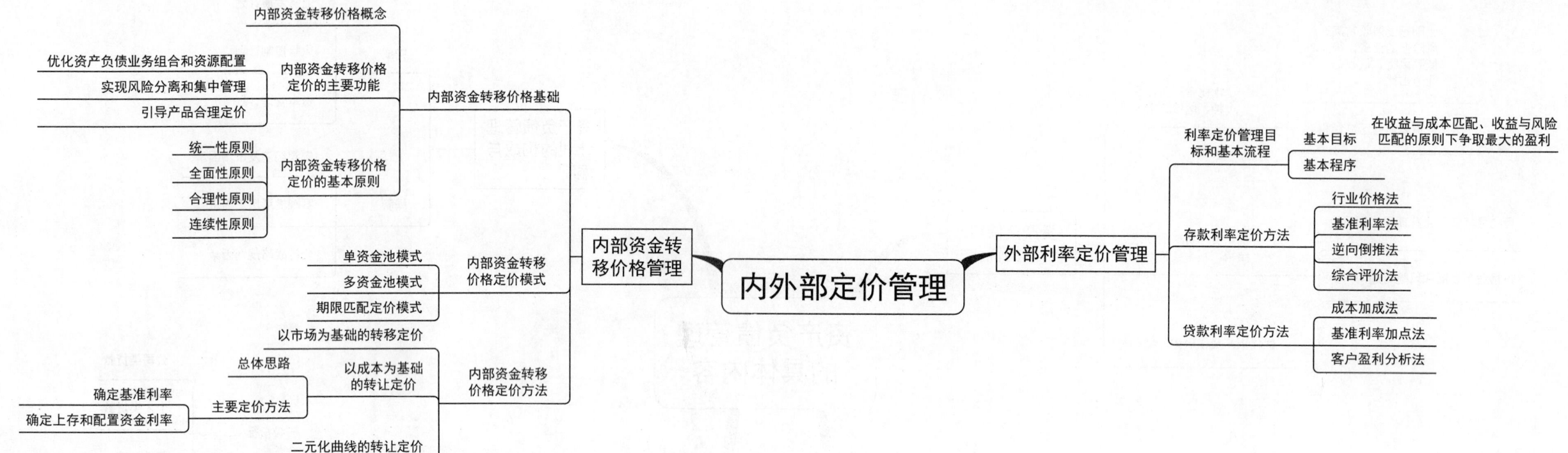

第四节 利率风险管理

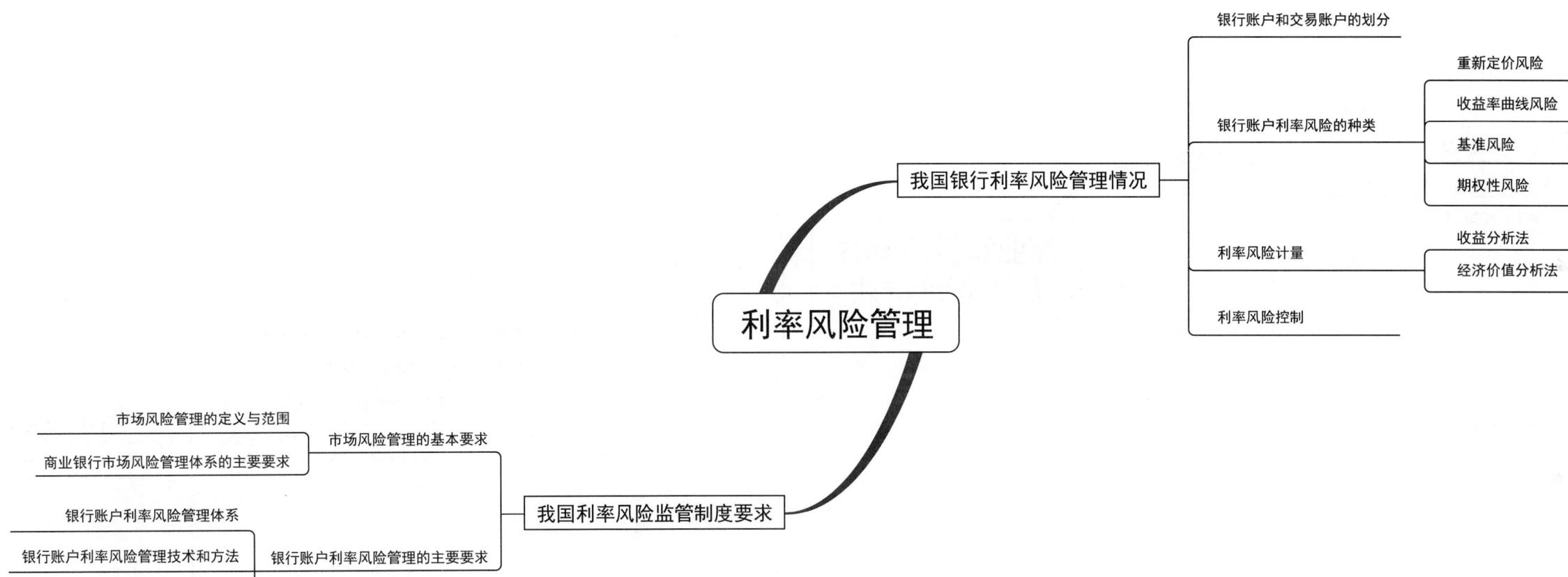

第十三章 流动性风险管理

第一节 商业银行流动性风险管理概述

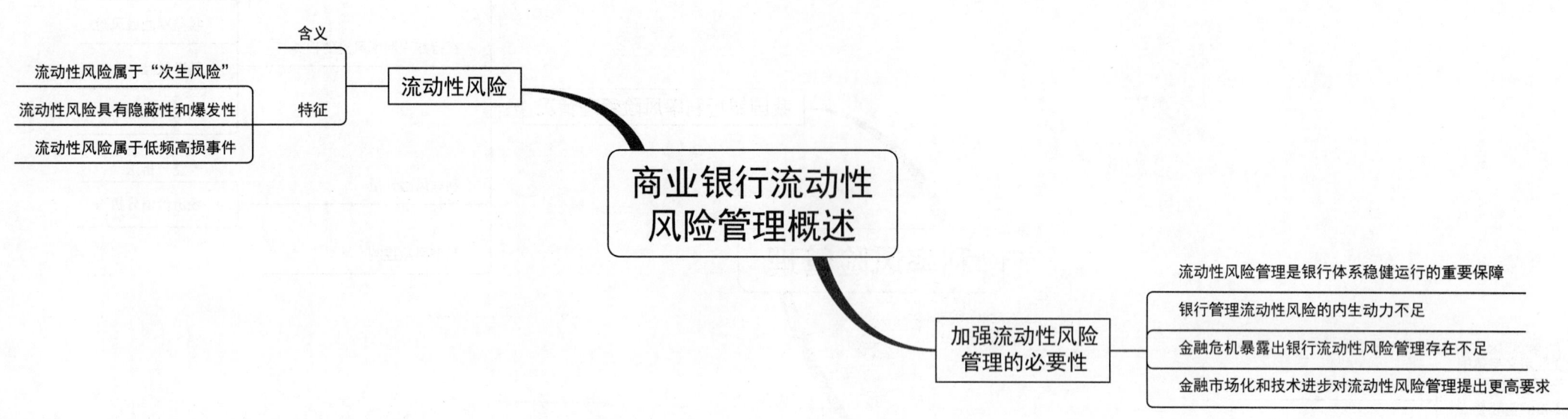

第二节 危机后国际流动性风险监管改革

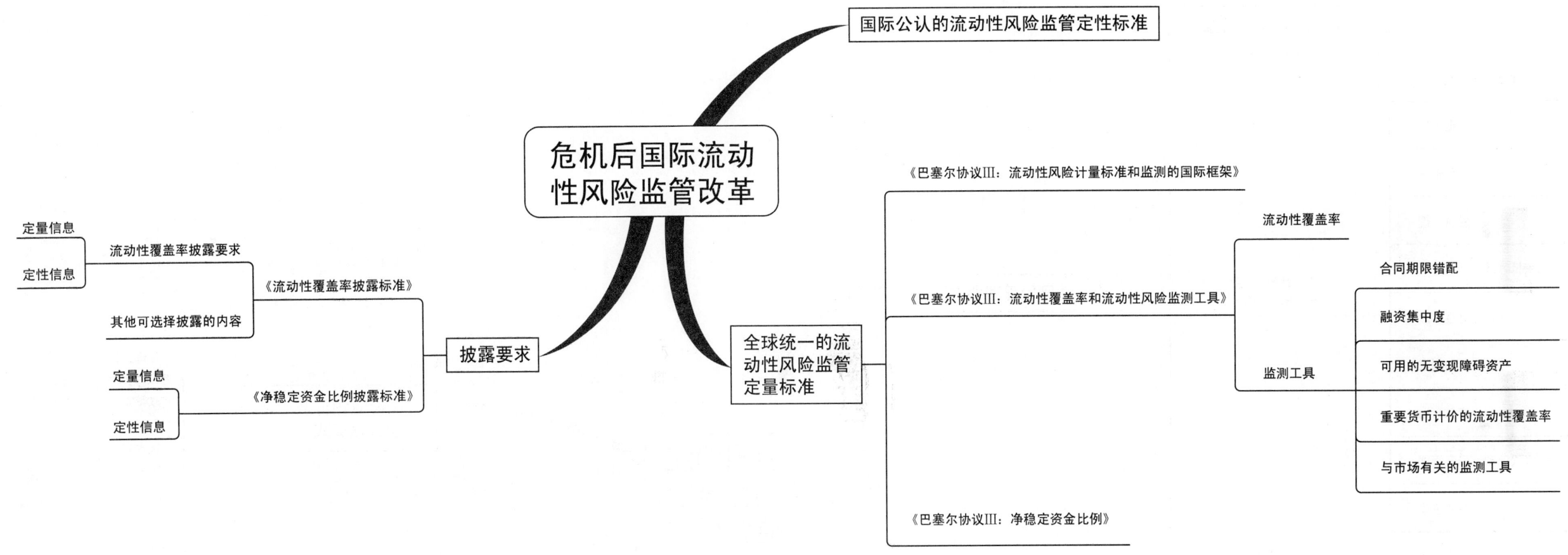

第三节 我国的流动性风险监管要求

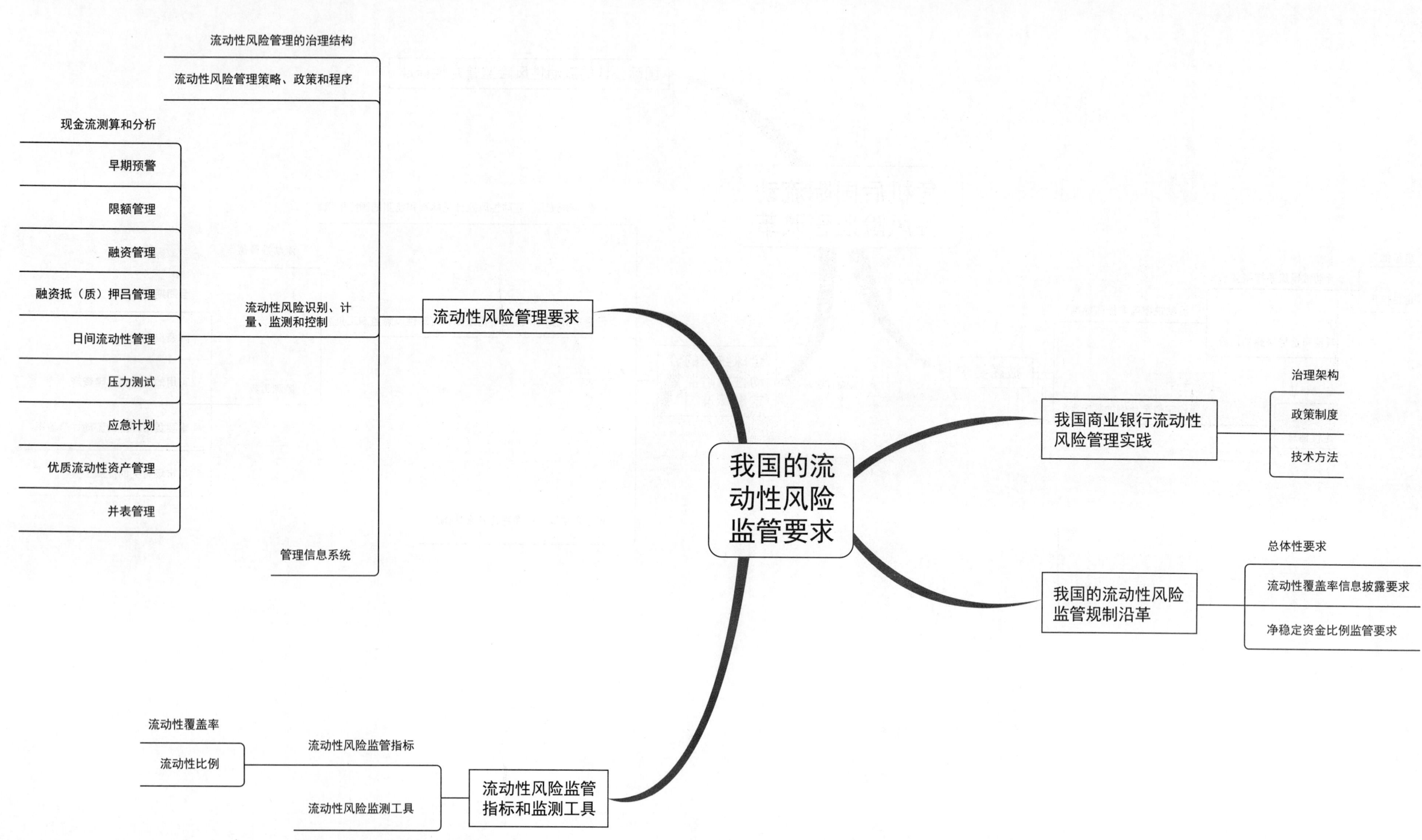

第十四章 经营绩效管理

第一节 绩效管理

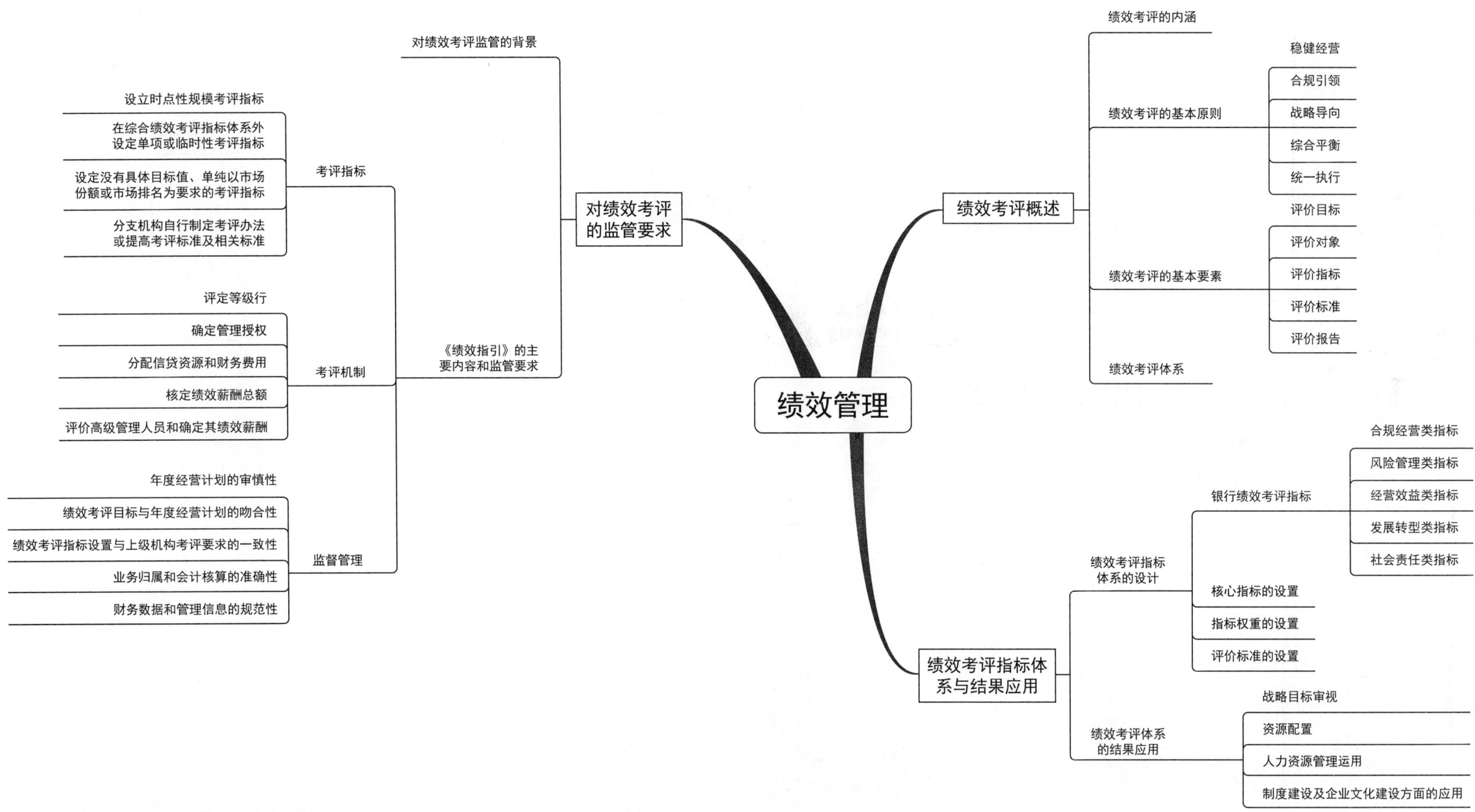

第二节 薪酬管理

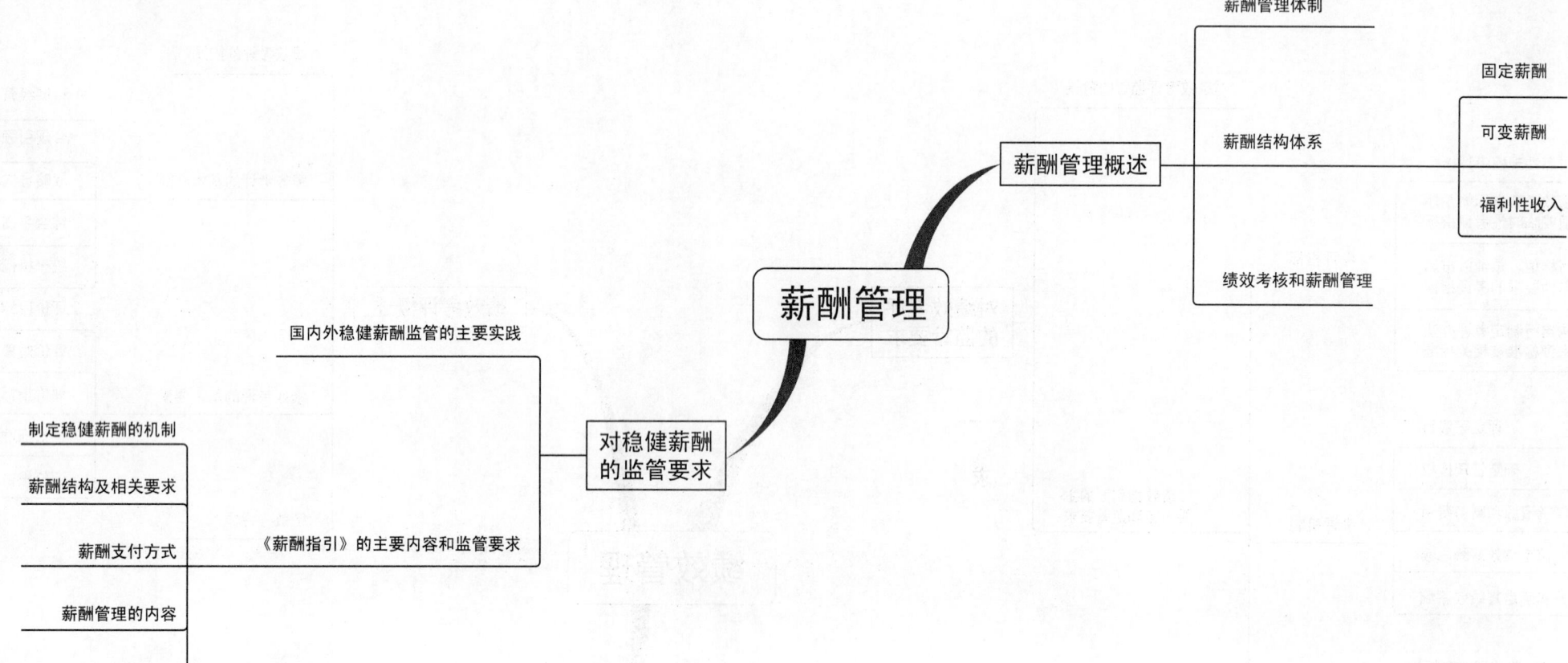

第三节 盈利管理

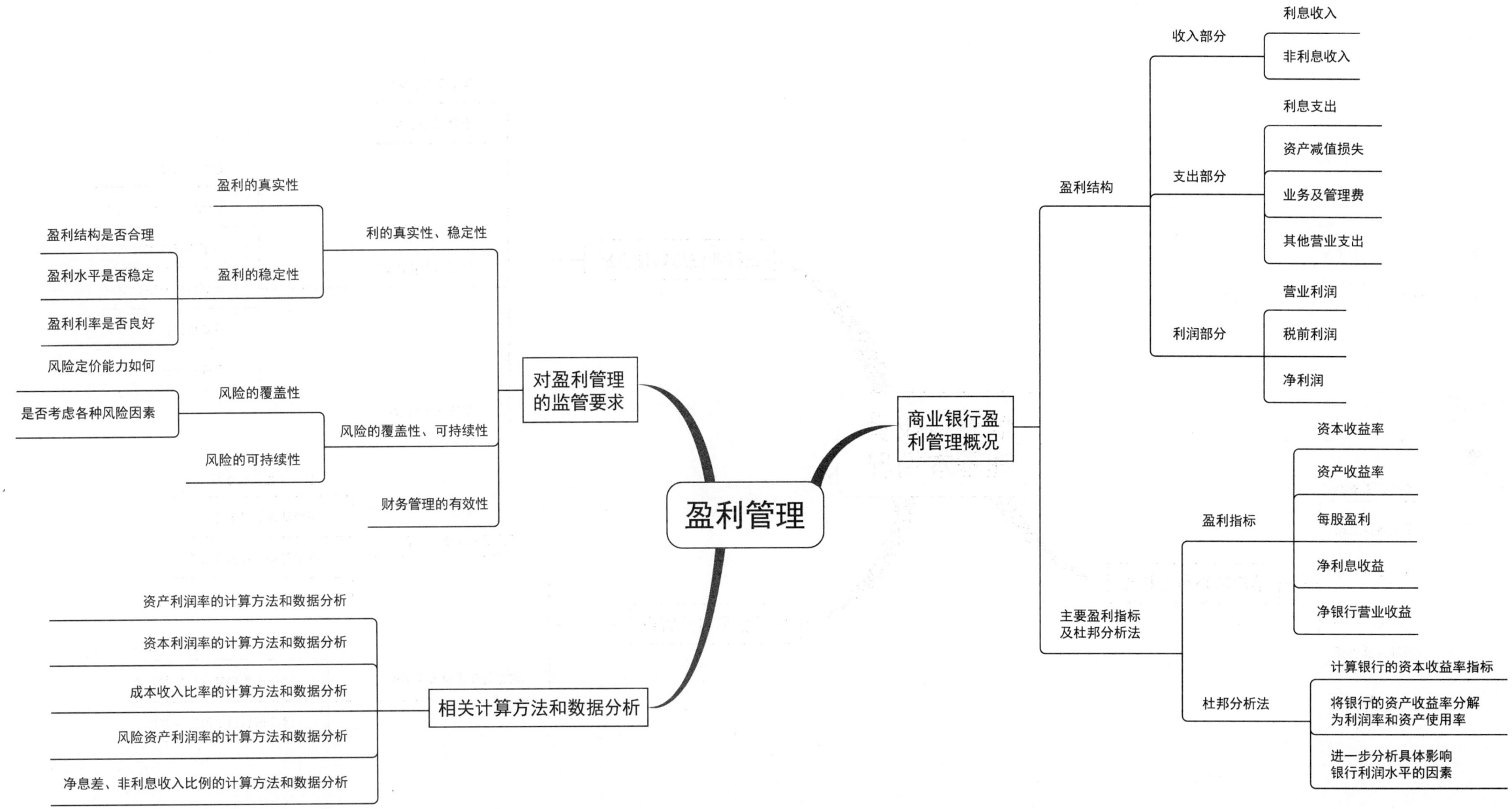

第十五章 信息科技管理

第一节 信息科技管理基本情况

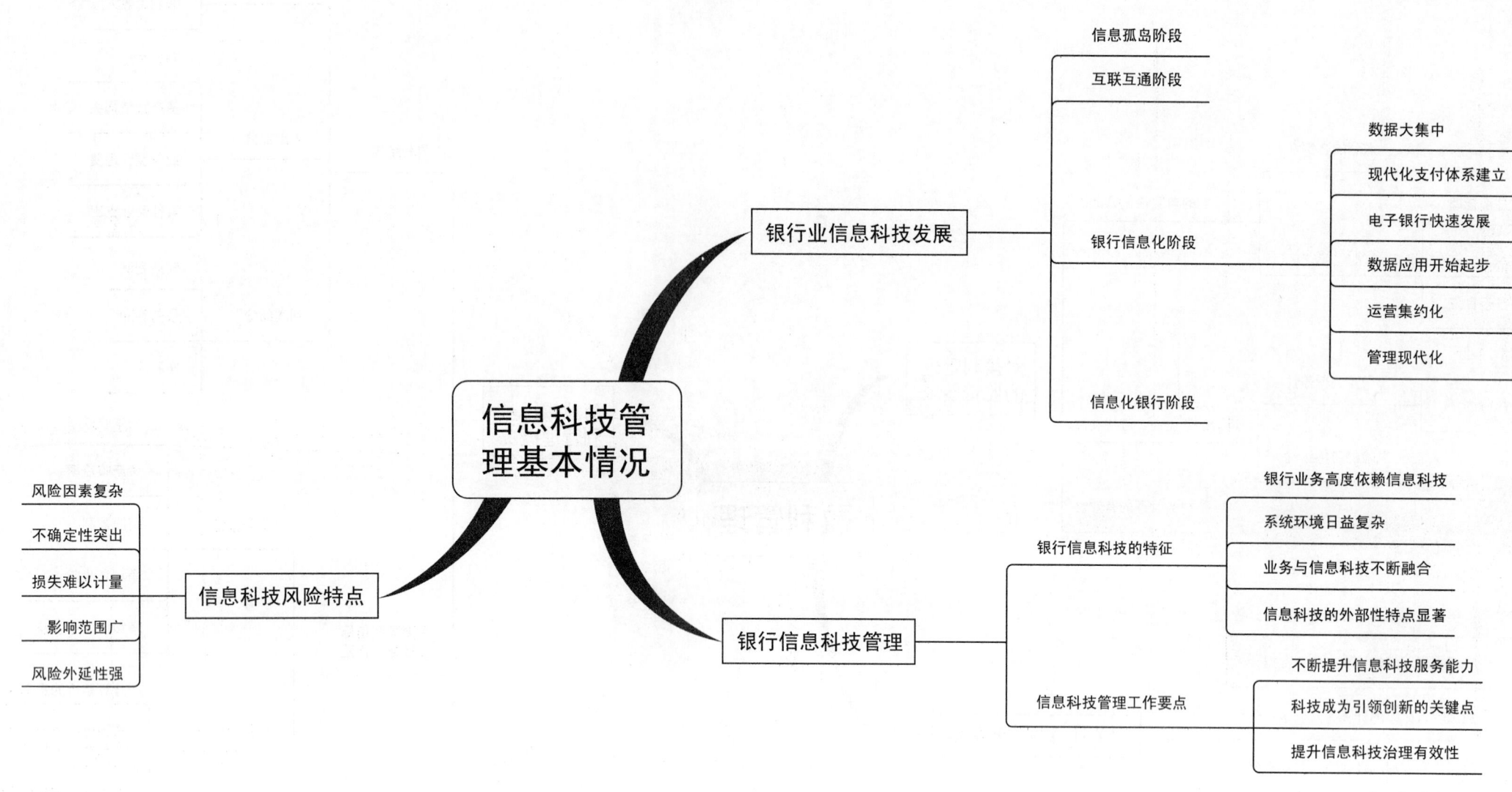

第二节　信息科技风险与监管

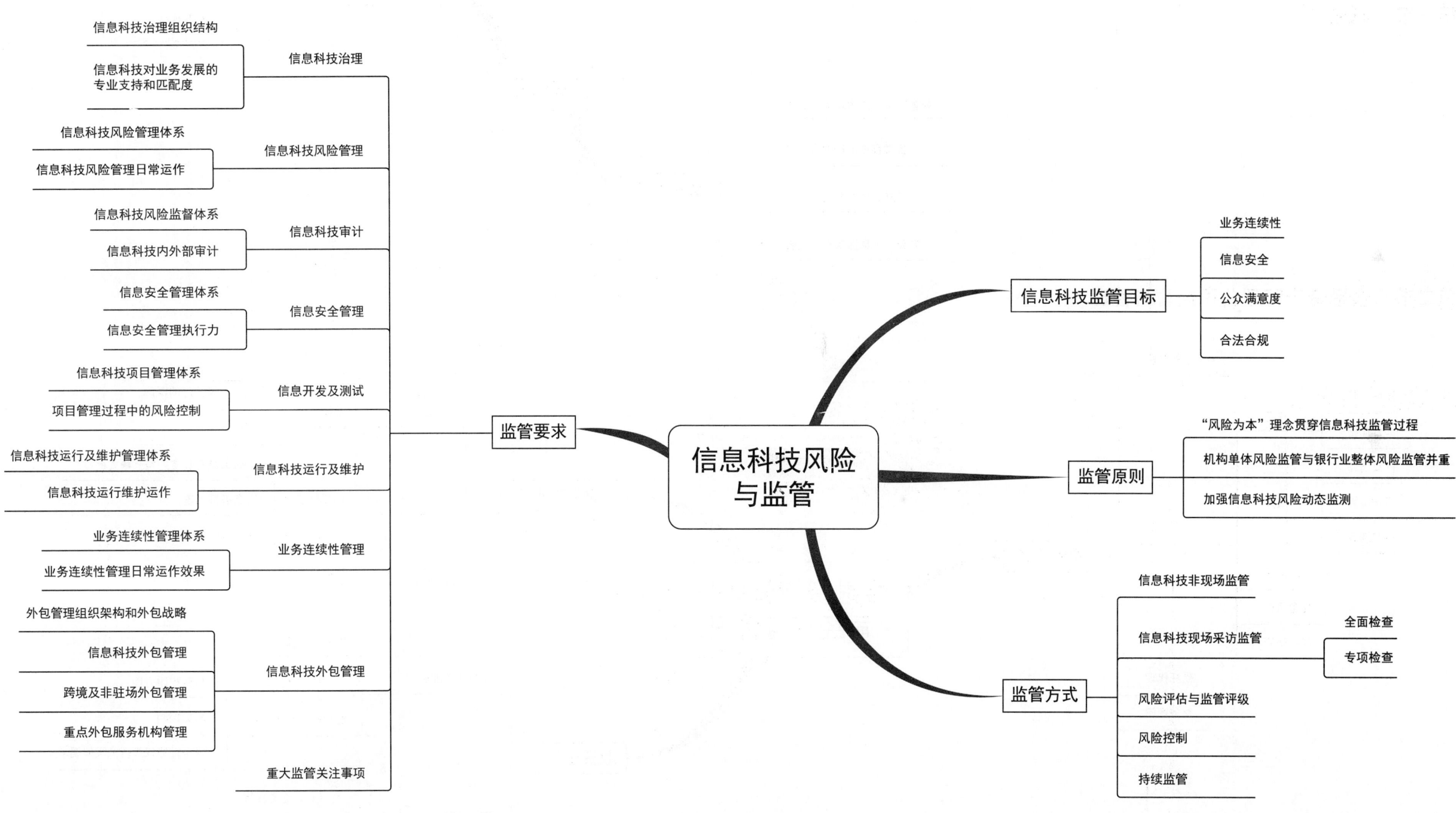

第十六章 金融资产管理公司业务与监管

第一节 概述

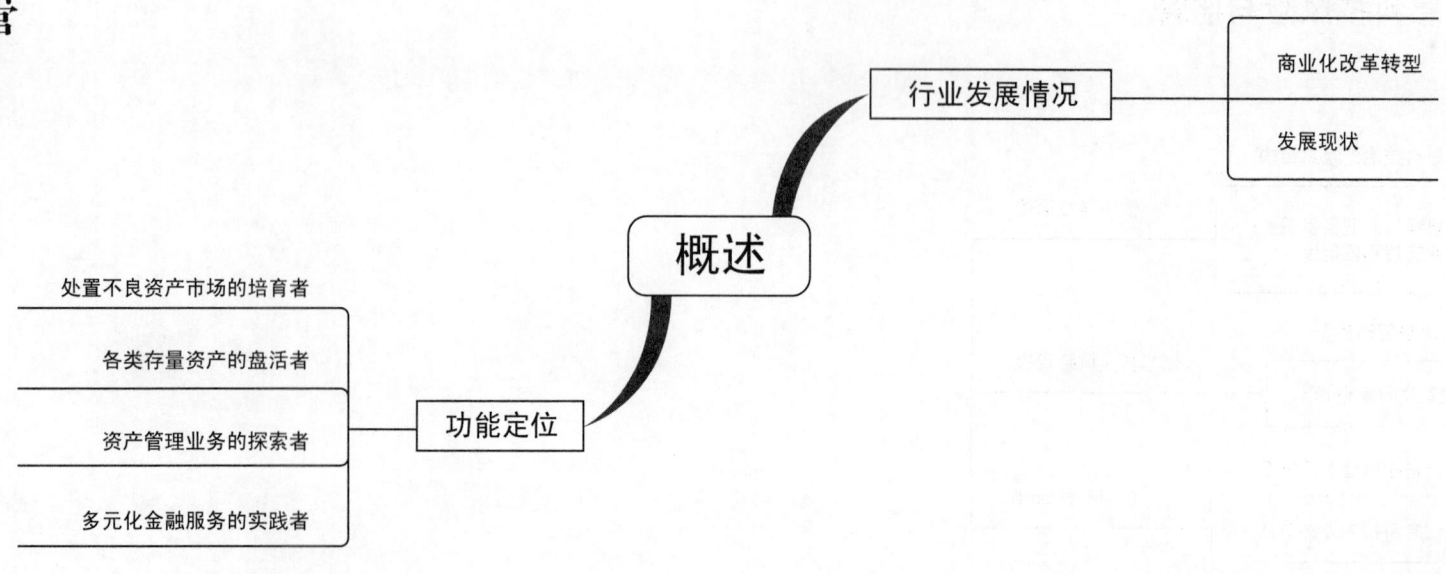

第二节 金融资产管理公司经营与管理

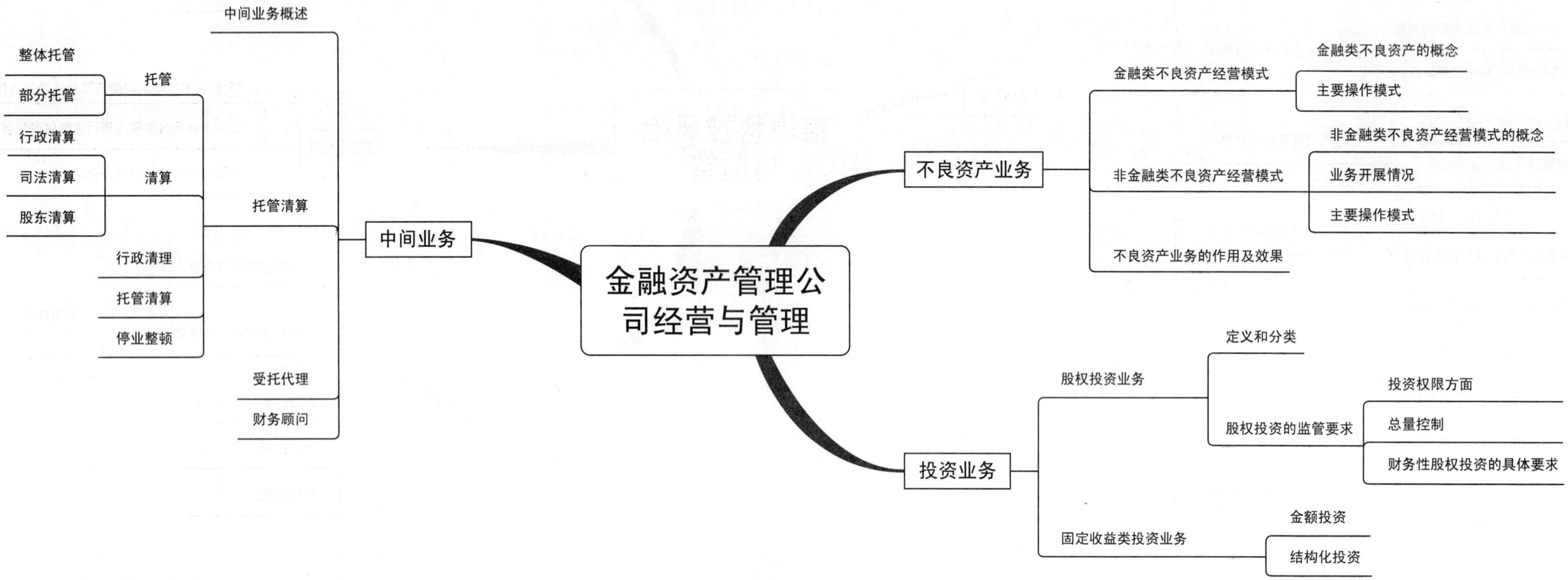

第三节 金融资产管理公司监管

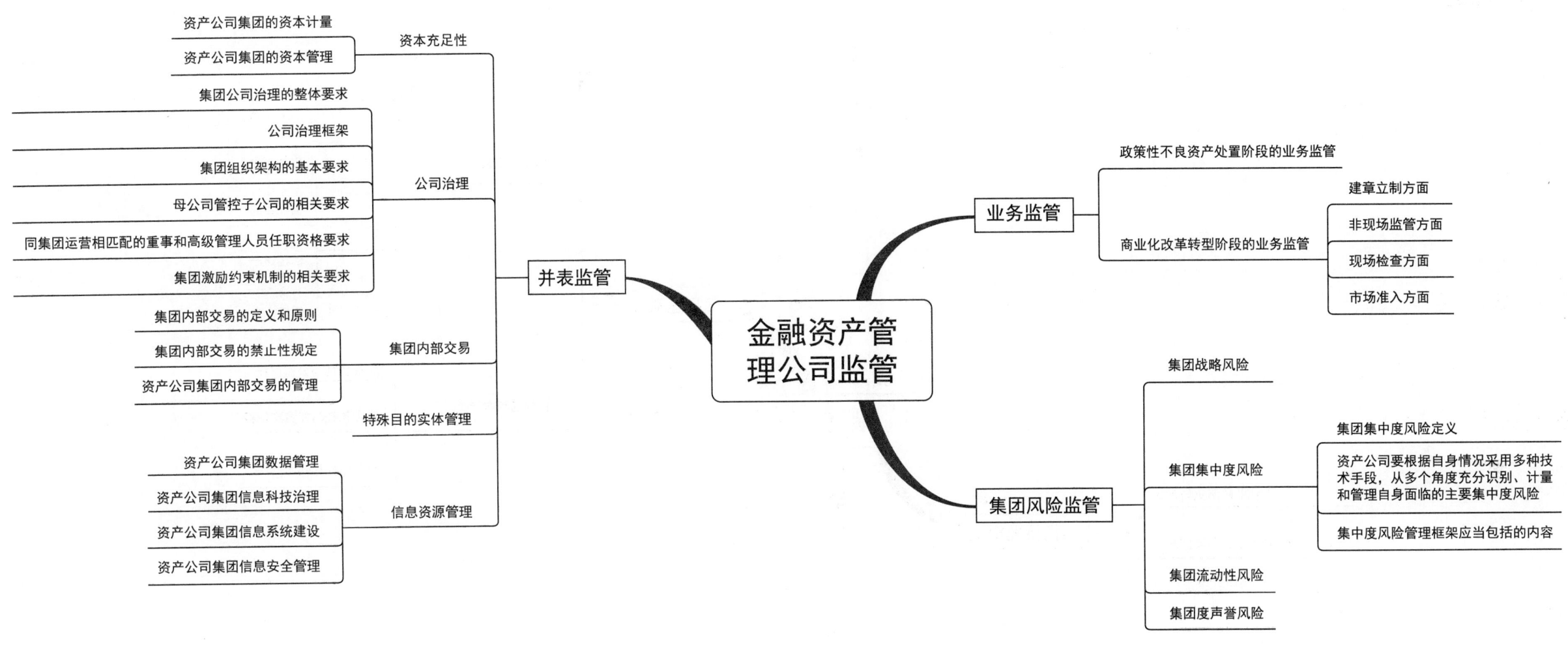

第十七章 信托公司业务与监管

第一节 概述

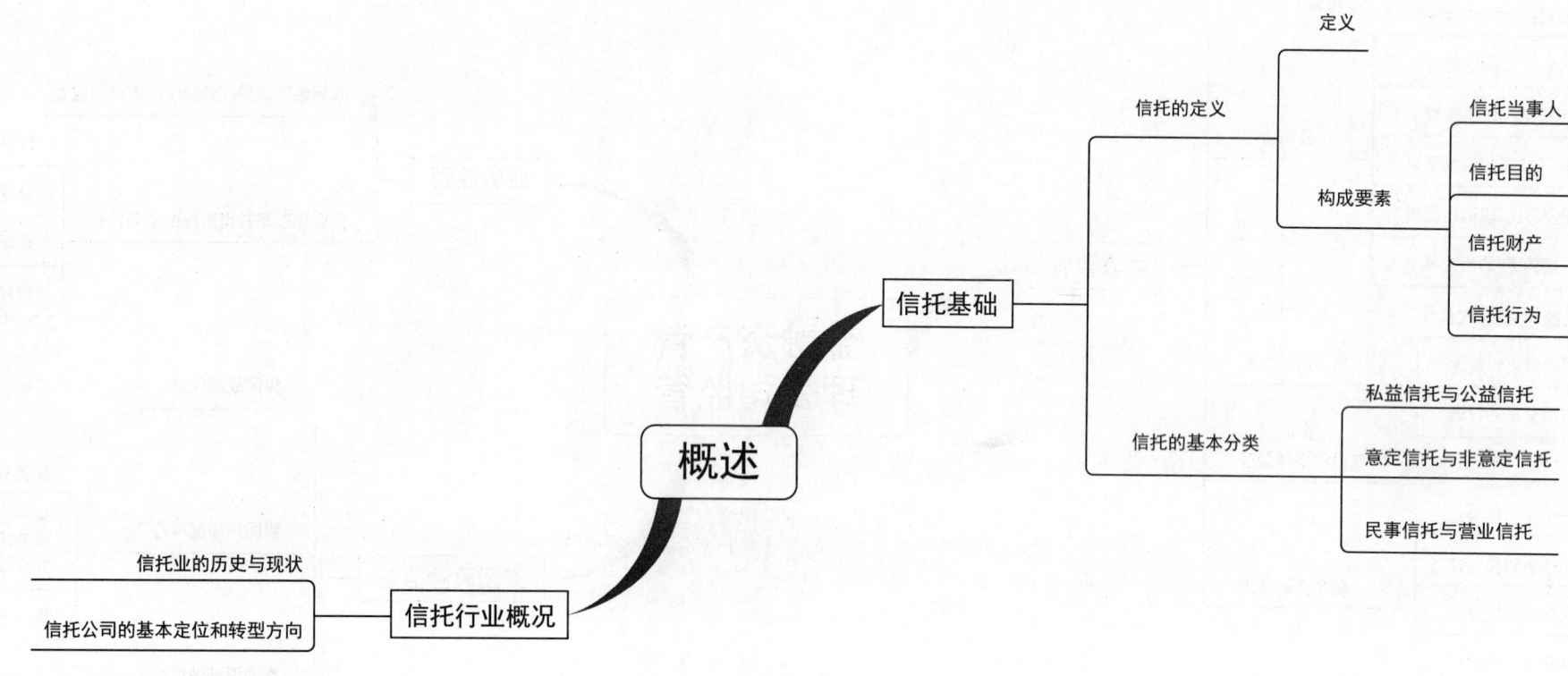

第二节 信托公司经营与管理

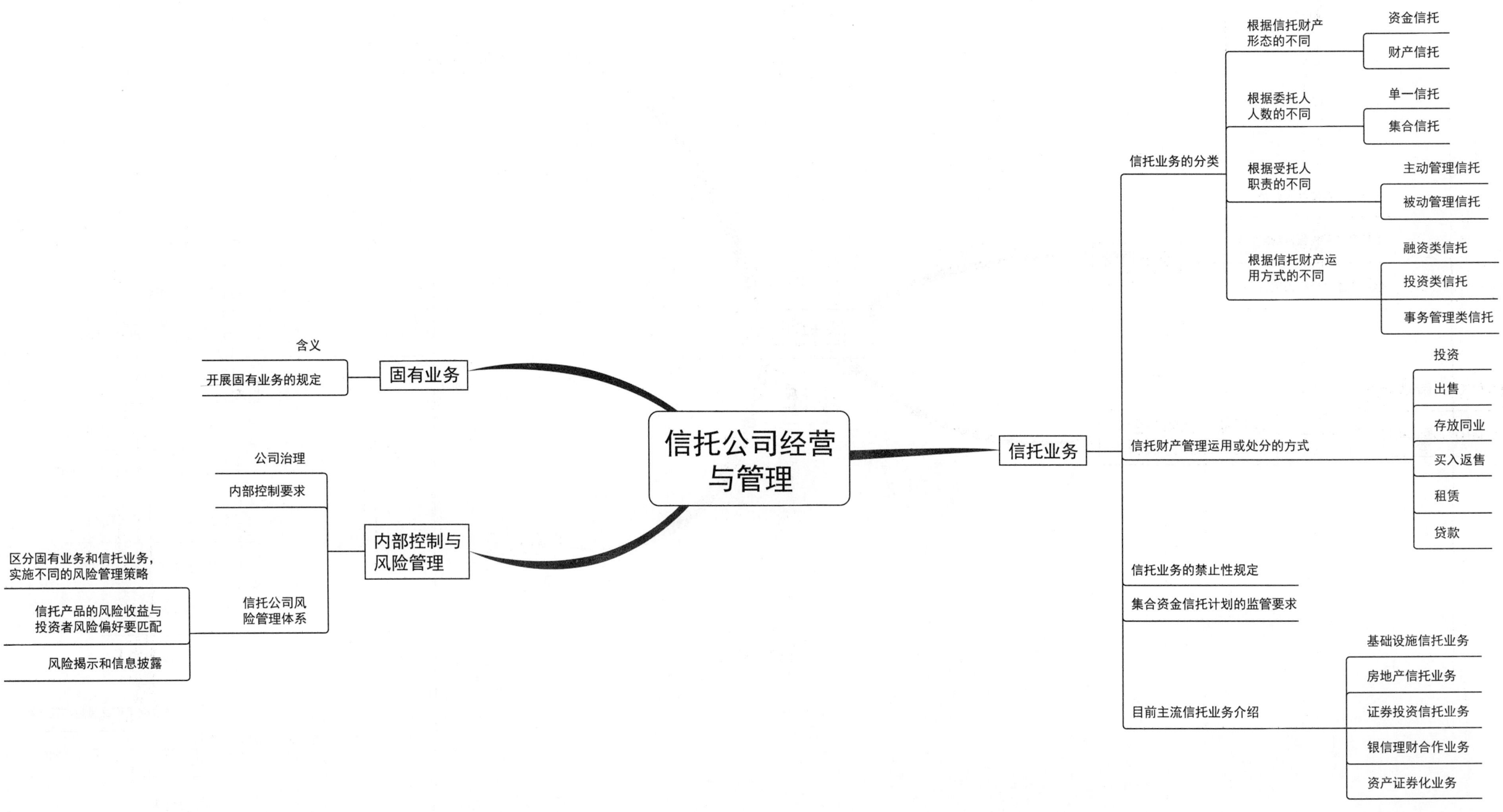

第三节　信托监管

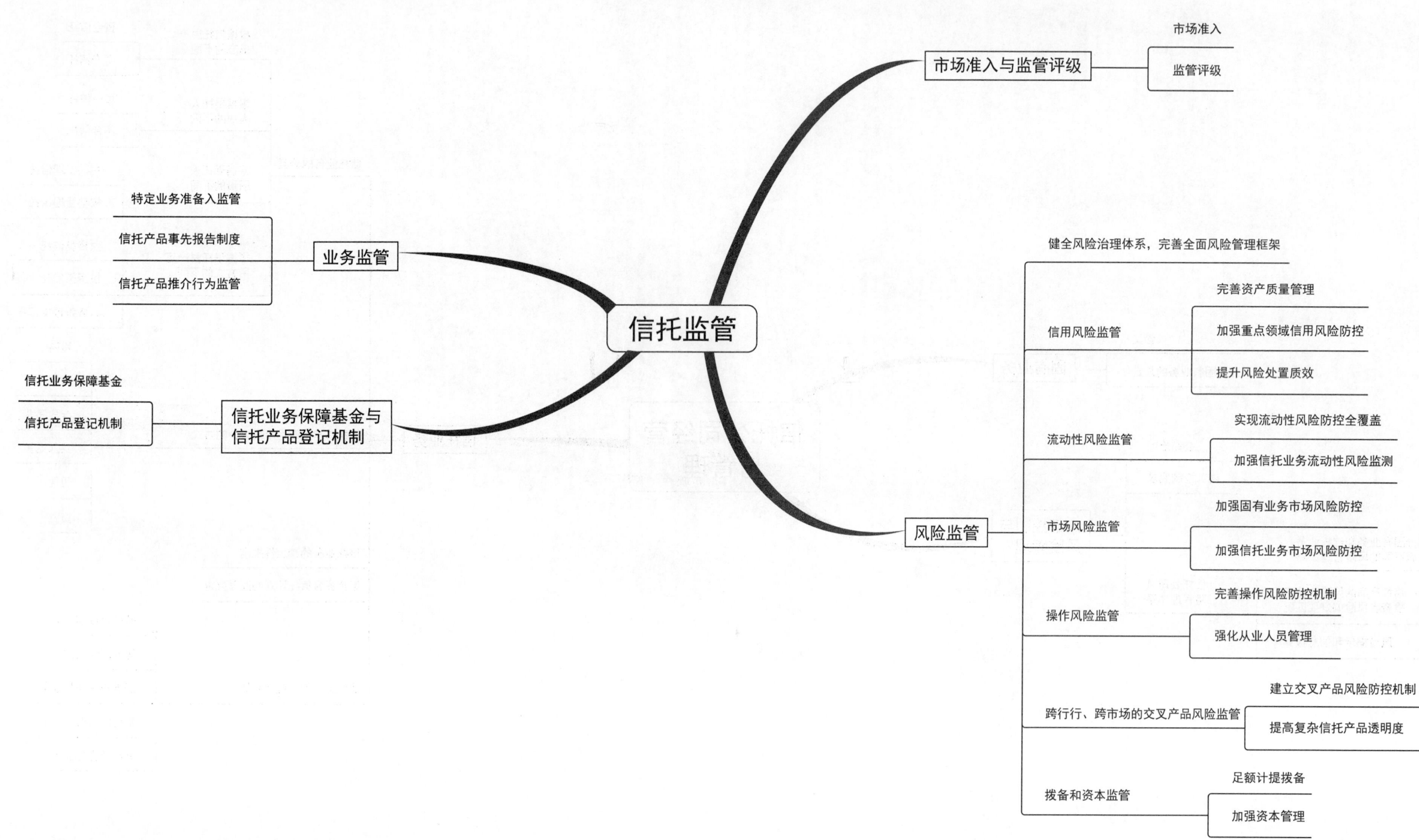

第十八章 财务公司业务与监管

第一节 概述

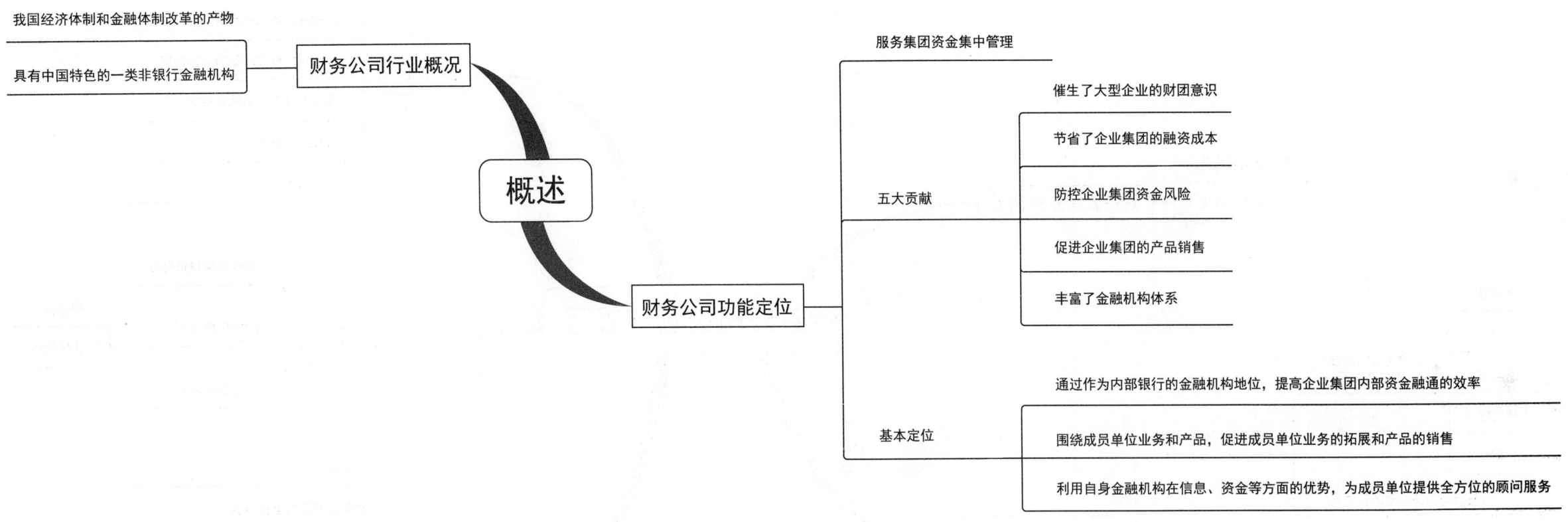

第二节 财务公司经营与管理

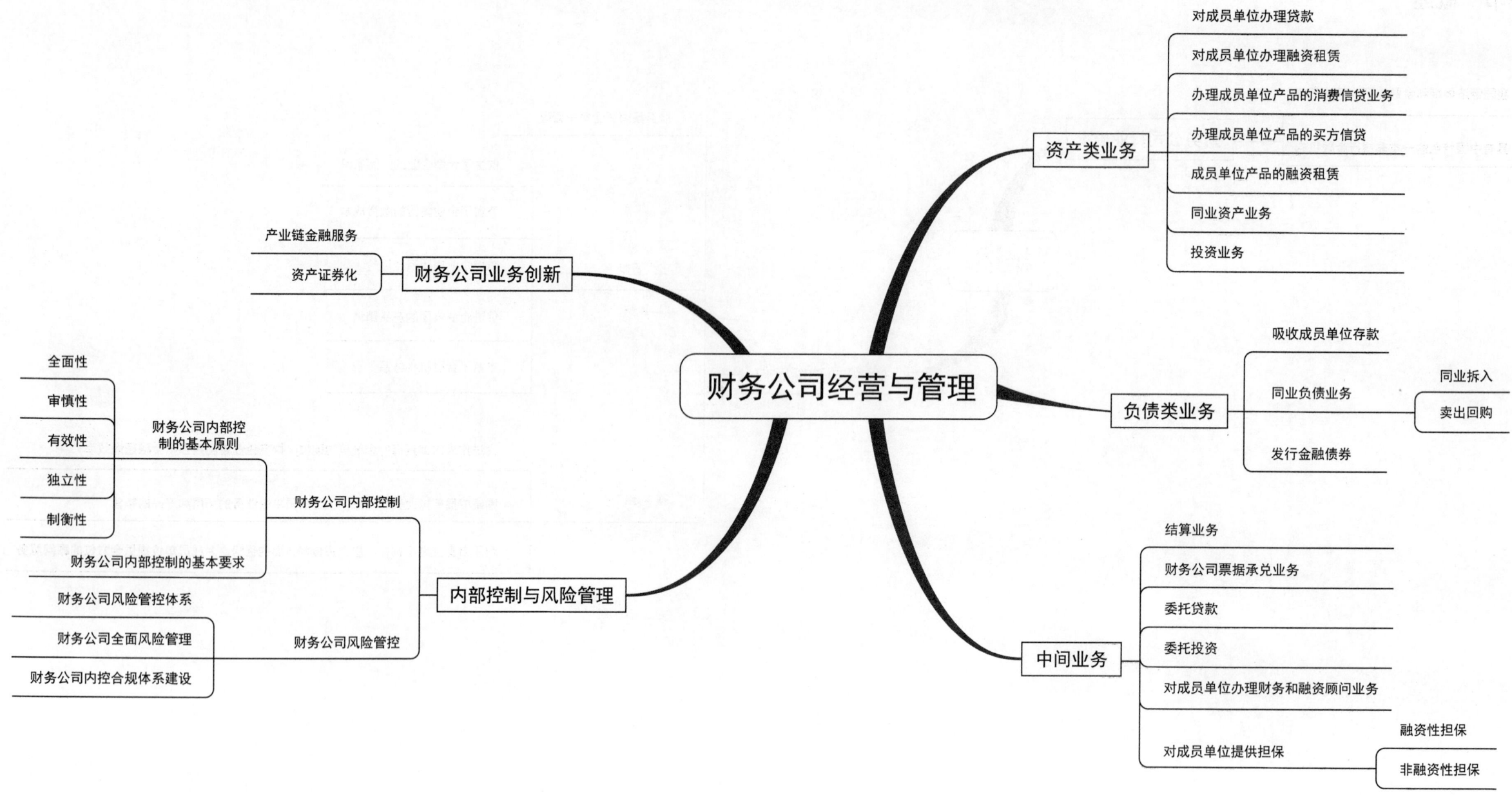

第三节 财务公司监管

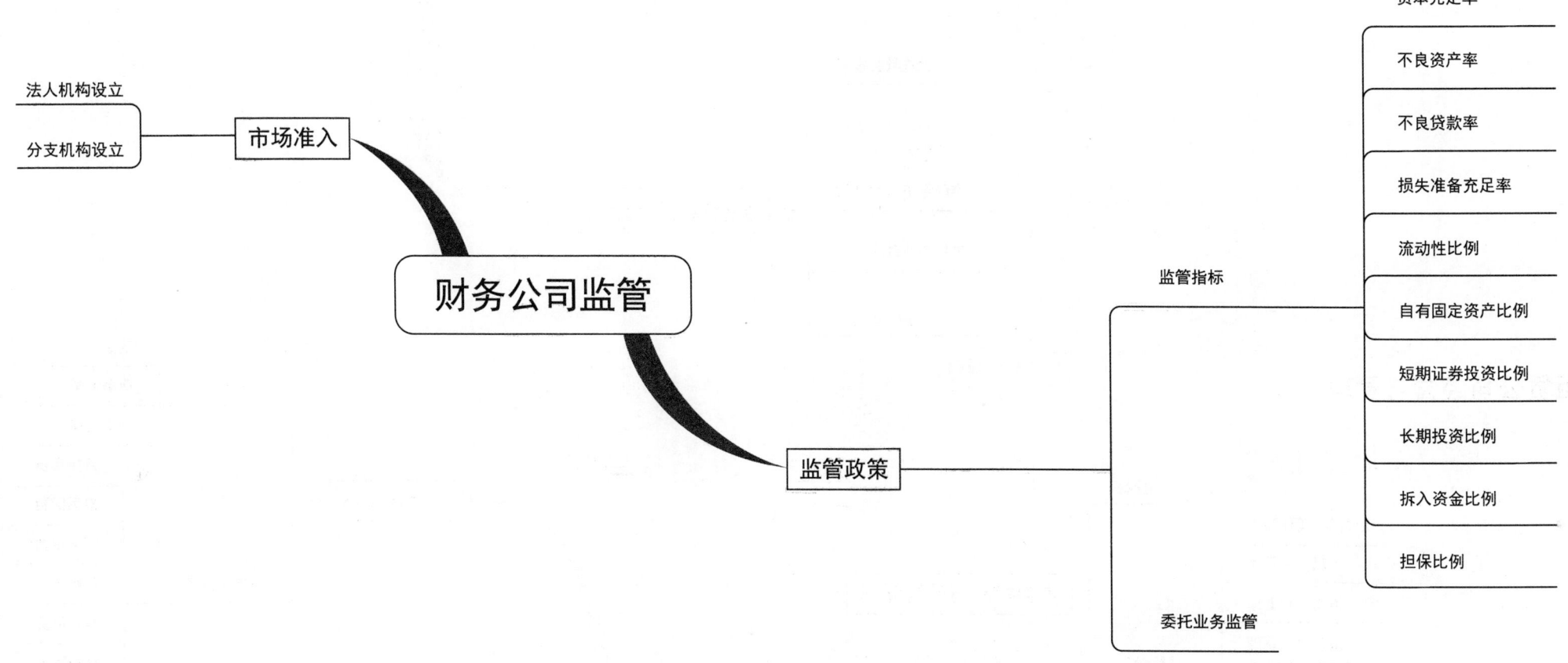

第十九章 金融租赁公司业务与监管

第一节 概述

第二节 金融租赁公司经营与管理

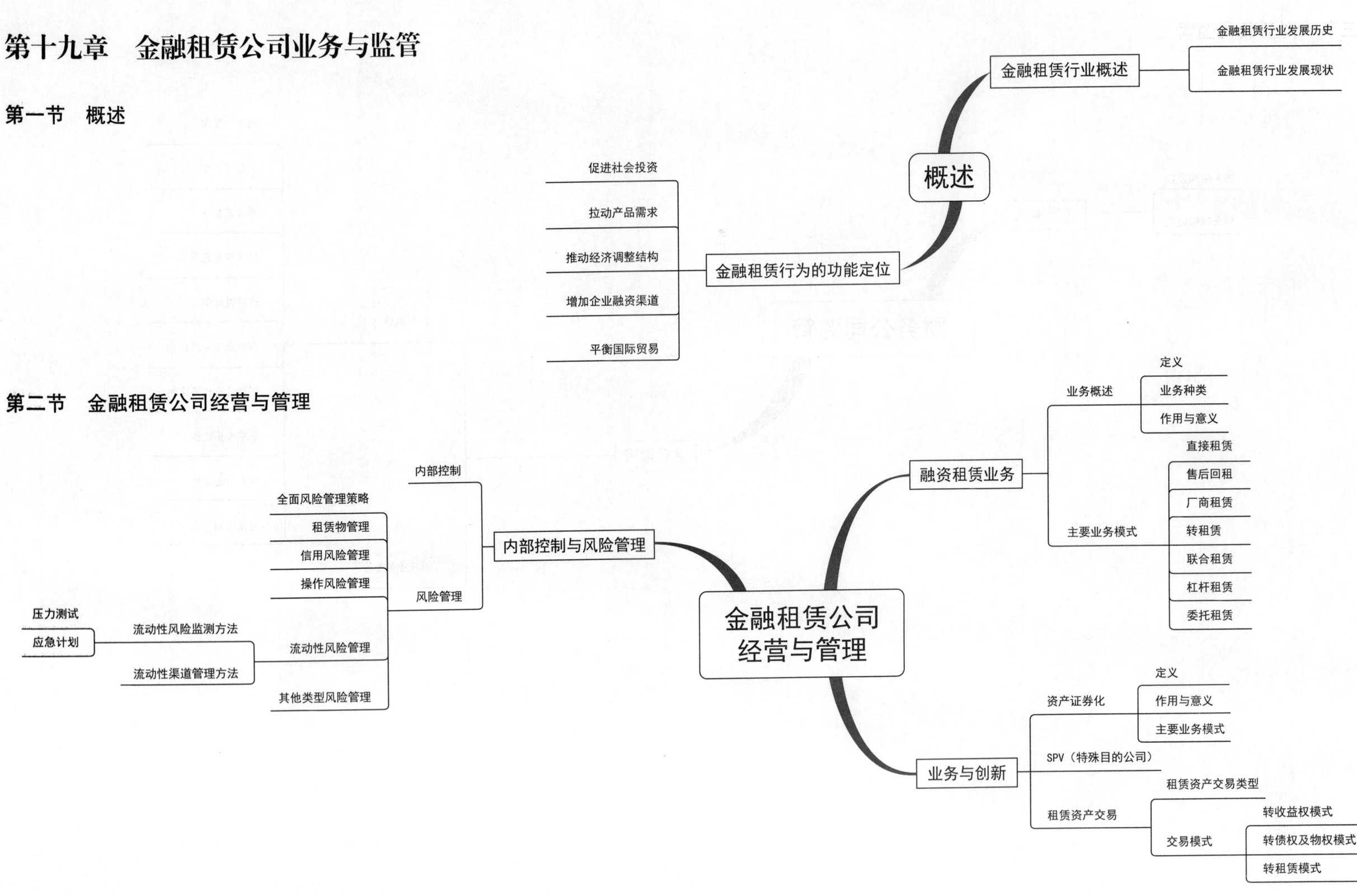

第三节 金融租赁公司监管

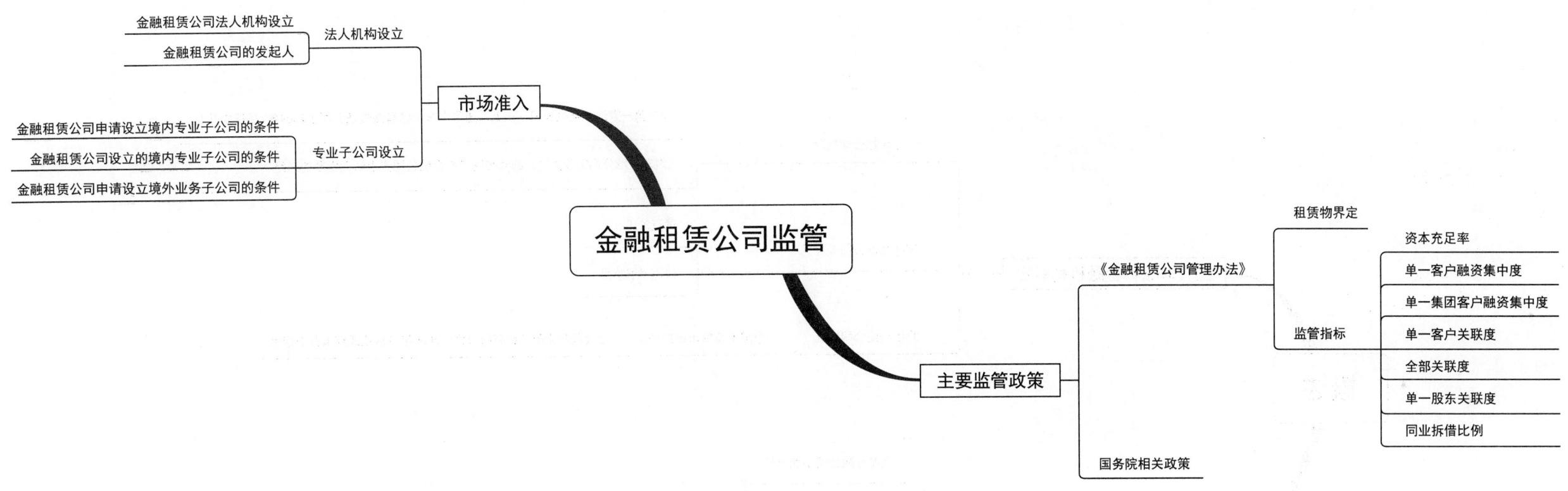

第二十章 汽车金融公司、消费金融公司、货币经纪公司业务与监管

第一节 概述

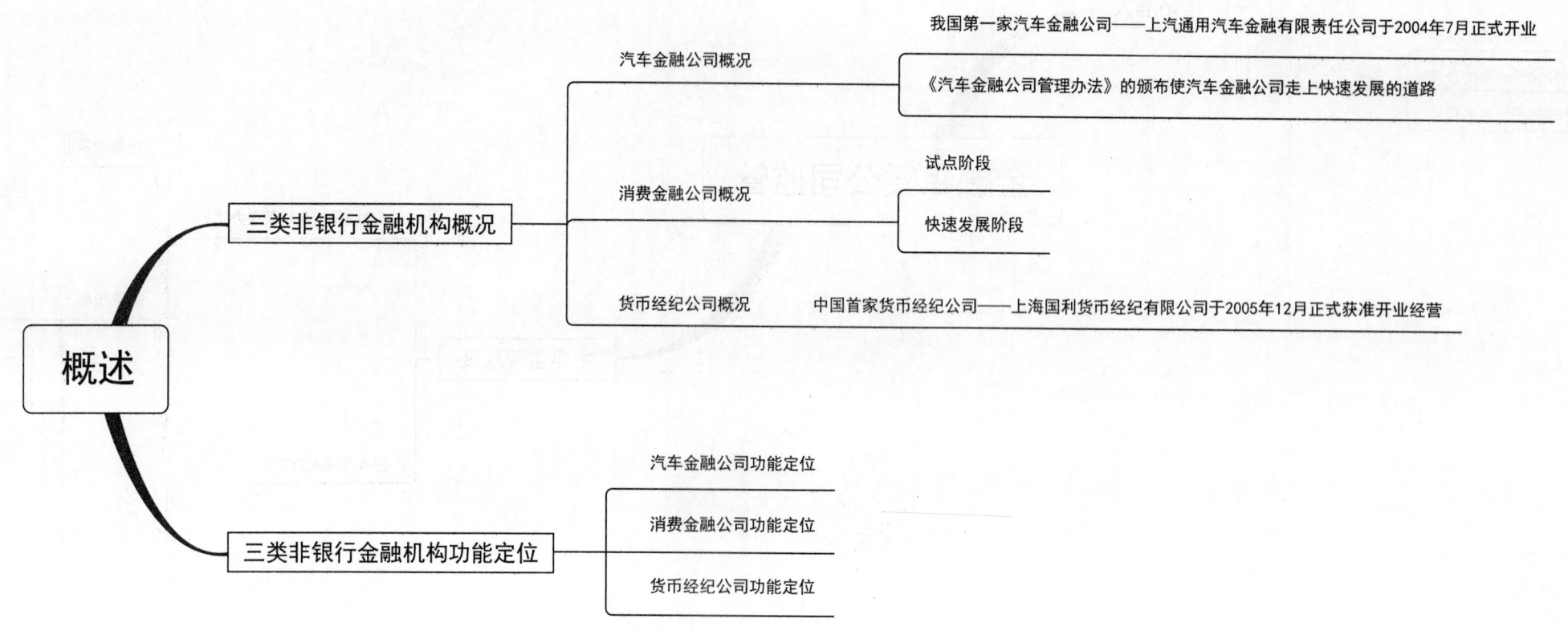

第二节 三类非银行金融机构经营与管理

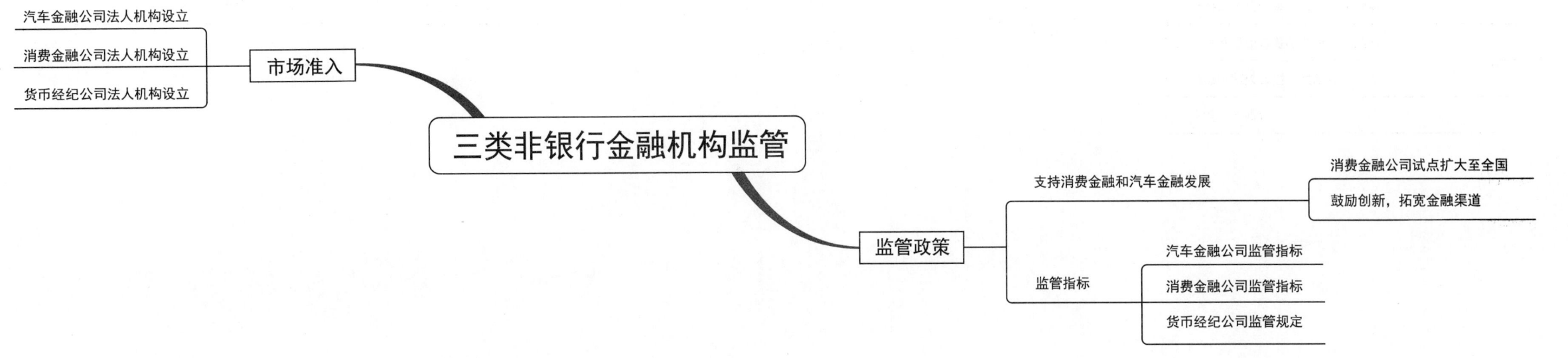

第三节 三类非银行金融机构监管

第二十一章 银行业消费者权益保护

第一节 国际金融消费者保护现状概况

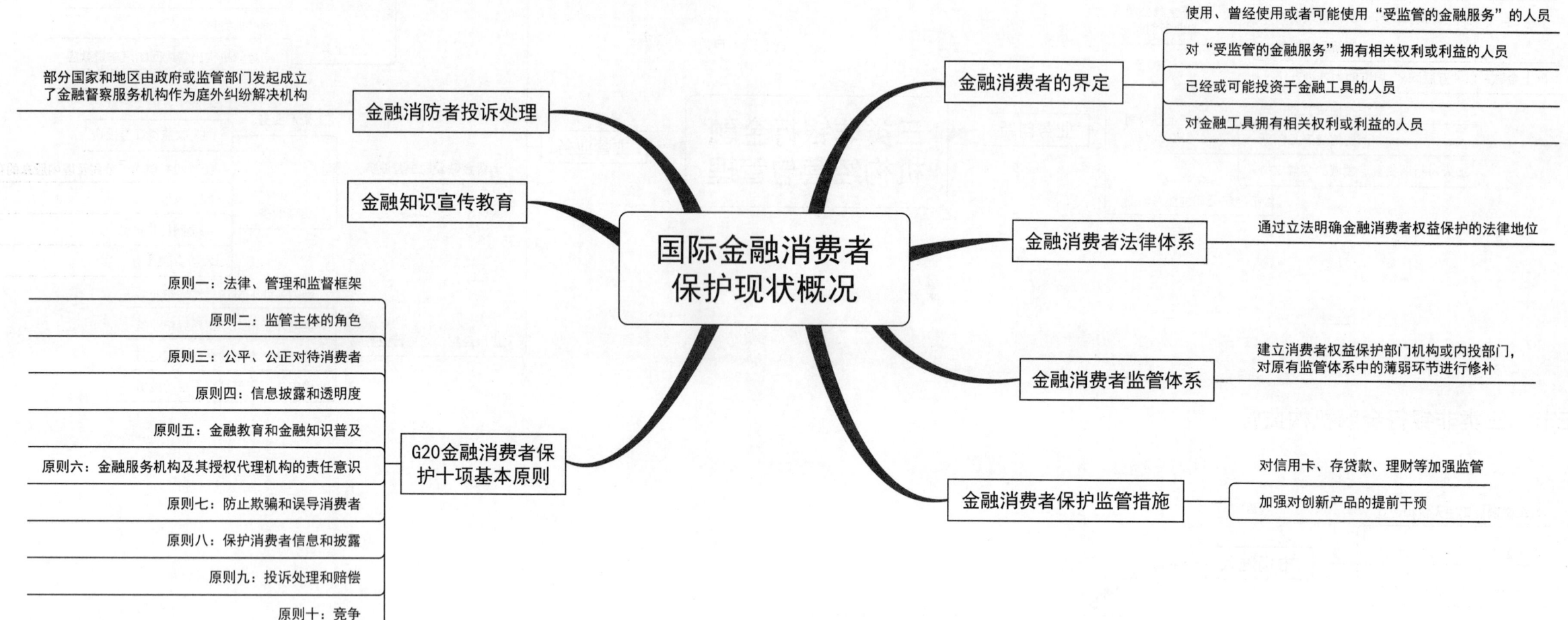

第二节 我国银行业消费者权益保护概述

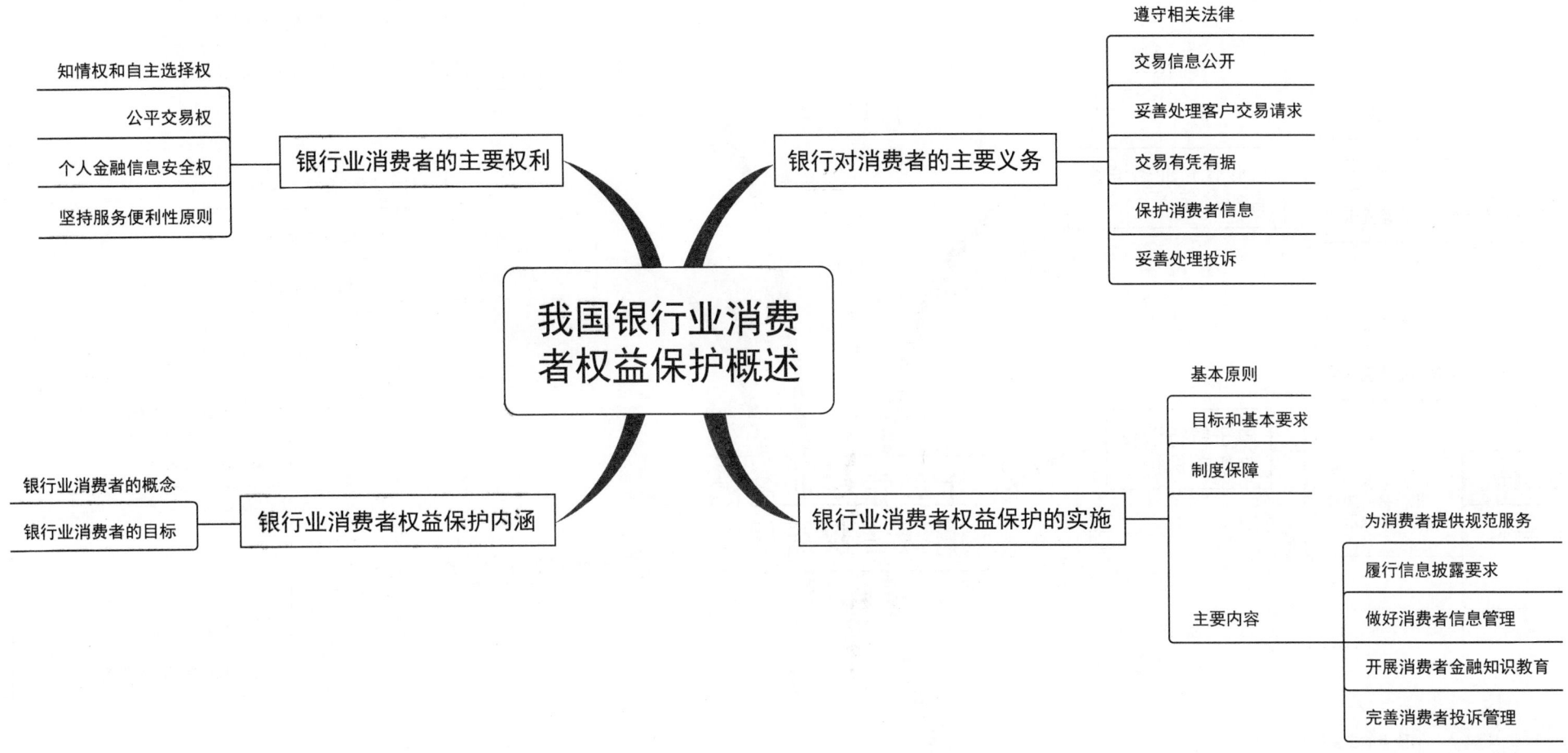

第三节 主要银行业务的消费者权益保护

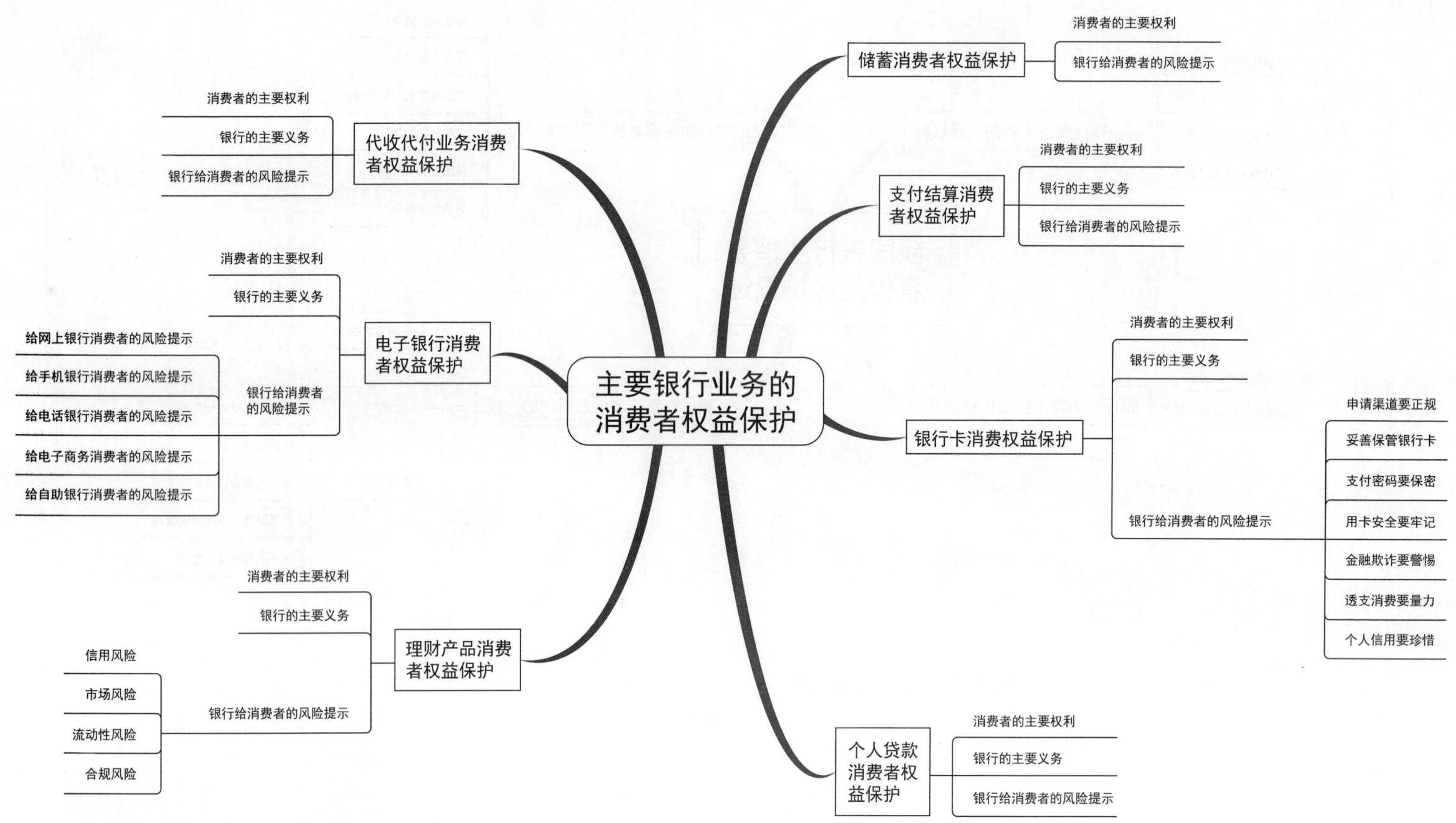

第四节 消费者投诉处理

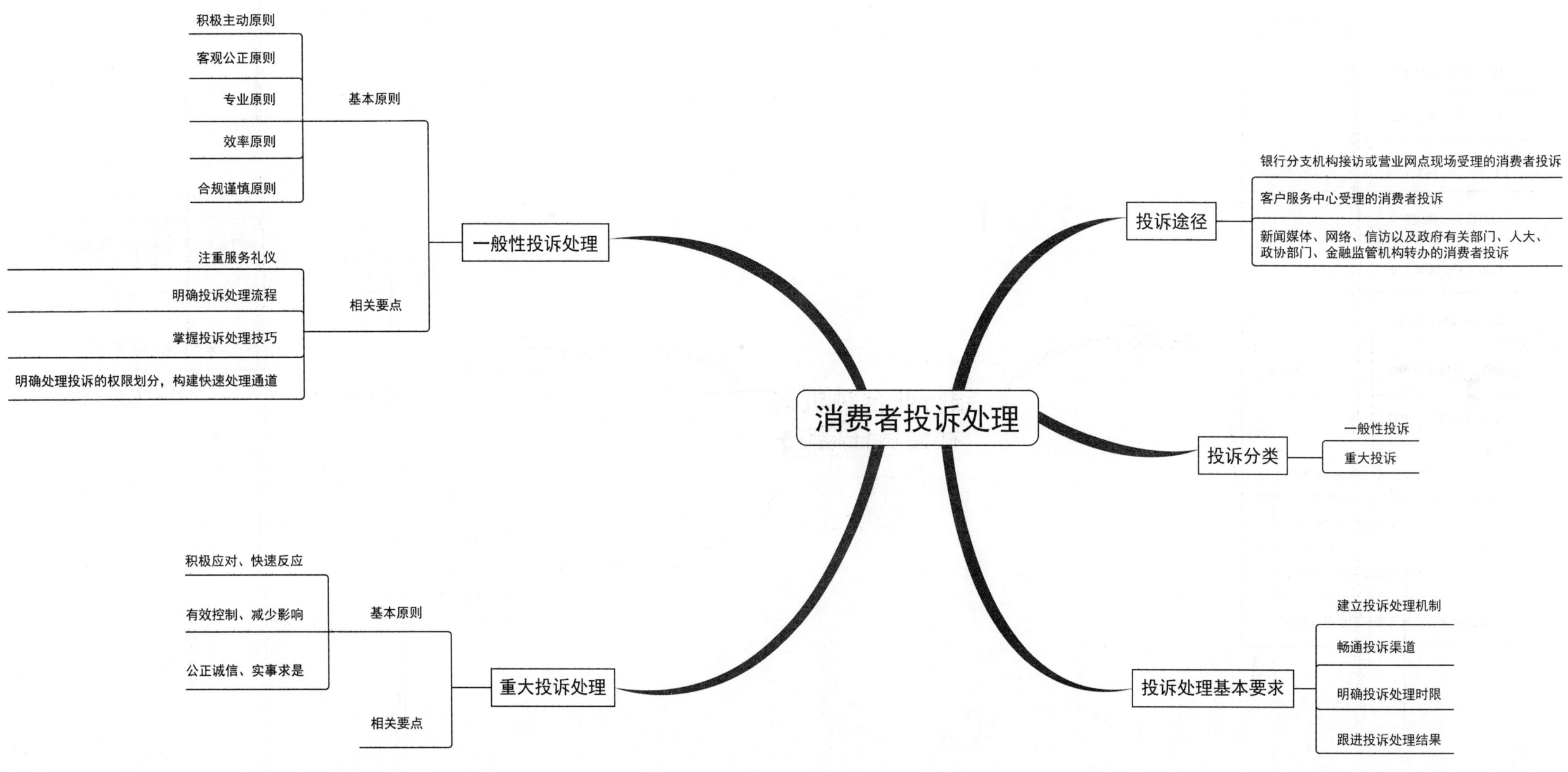

第五节 银行业金融机构社会责任概述

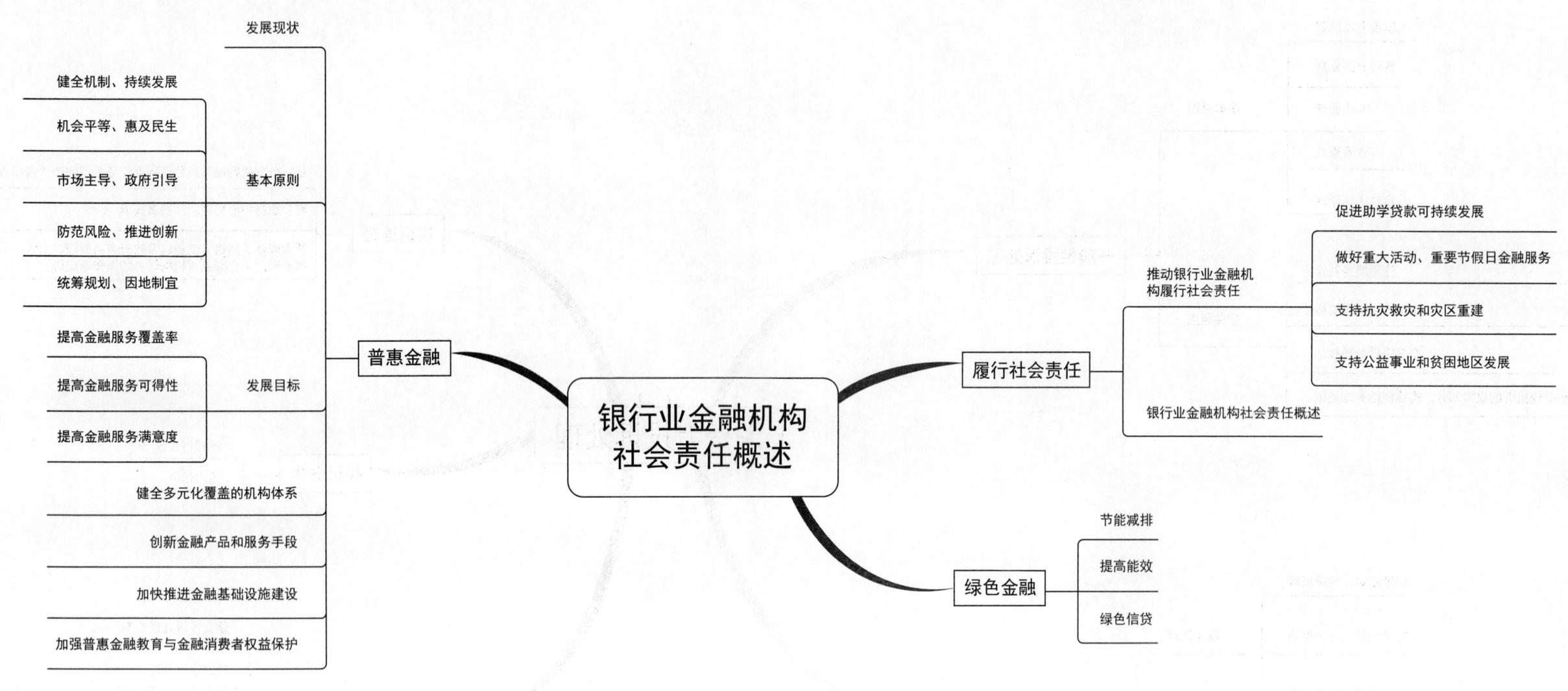

热题库使用说明

热题库设计模型：

欢迎大家使用热题库学习软件，这套软件是全国资格认证考试热题库编委会通过十余年的知识沉淀与经验积累而总结出的一套适用万千考生的学习方法。热题库中的考点和试题均由资深专业教师依据最新考试大纲要求进行编写，同时融入了历年考试真题，在保证试题质量及时效性的基础上，通过经典有效的考点挂习题形式对考点知识进行全方位覆盖，帮助考生逐一击破考试重点、难点及易错点，也因此被众多考生喻为"考试神器"。

- ✓ **新题练习**：以最新大纲要求为主线，为考生提供最新最全的应试题目。
- ✓ **热题研习**：通过对错比率来划分热度，热度越高，题目越精。
- ✓ **熟题重温**：重温做过的题目，加深对知识点的理解与应用。
- ✓ **错题重做**：对做错的题目重新作答，找到薄弱环节，逐个击破。
- ✓ **机编模拟**：按命题思路进行组卷，通过自测，把握考试重点，主攻薄弱环节。
- ✓ **典型试卷**：全国资格认证考试热题库编委会精心编排，囊括重点难点，保质保量。

纺织社热题库

1 · 主页面

热题库主页面上部分为考试科目名称、考生信息及考生学习情况，具体包括：考生头像、微信昵称、积分、新题总数、错题总数、熟题总数、勤奋/排名。

热题库主页面下部分为六大经典模块，分别是：新题练习、热题研习、熟题重温、错题重做、机编模拟、典型试卷。其中，新题练习、熟题重温、机编模拟为免费模块，热题研习、错题重做、典型试卷为收费模块。

- **积分**：用你的积分可换取试题提问机会。
- **新题**：提醒你，你还有多少道试题未做。
- **头像**：点击头像，进入个人信息，查看你的资考信息。
- **错题**：警告你，你已经做错这些数量的试题。
- **熟题**：恭喜你，你成功答对这些数量的试题。
- **勤奋/排名**：查看你在热题库中的江湖排名。

2

新题中的题目按章节分类，点击章进入节列表，点击节进入考点列表，点击考点进入考点学习，此模块考生可免费使用；

考点中记录详细考点内容及解析，同时记录考点学习人数，点击章、节、考点右侧按钮直接进入答题页面；

考生选择选项后点击"上一题"、"下一题"默认提交答案；点击"查看答案"选项后，将不可再次更改答案；没有选择答案却点击"查看答案"选项后，本题做做错处理；

点击查看答案后，详细展示本题正确答案，正确率，考生选择，易错选项，被答次数。

3

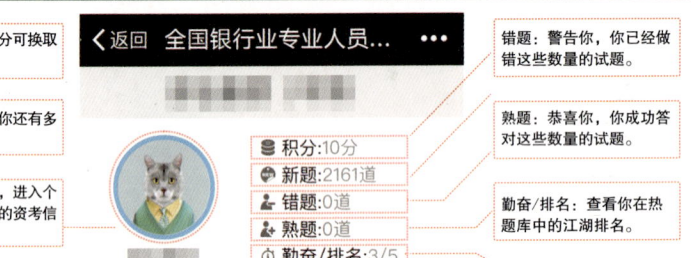

- **考点**：点击考点进入考点详情页面进行学习，并记录考点学习人数。
- **我要提问**：考生在答题过程中遇到疑难问题可以使用"我要提问"进行悬赏积分提问
- **反馈**：考生对有疑问的题目进行错误反馈，老师会在第一时间对题目进行校验。
- **笔记**：在学习过程中记录重点难点题目，方便日后学习。

4 熟题重温

在其他模块中做对的题目都会进入"熟题重温"中，帮助考生分出已经掌握的题目，节省复习时间。

5 · 机编模拟

分为易、中、难三个梯度，考生可以结合自身对知识点掌握的熟练程度自主选择。易，模拟试卷的题目源于"熟题重温"；中，模拟试卷的题目源于"热题研习"；难，模拟试卷的题目源于"错题重做"，所有试卷都是随机生成。此模块可以帮助考生快速查缺补漏。

6 · 热题研习

大数据筛选，根据所有考生答题情况对每一道题目进行正确率统计，并按照正确率进行热度划分，考生可以借助他人的经验筛选题目，此模块特别适用于考试临近而又没有时间复习的考生。

7 · 错题重做

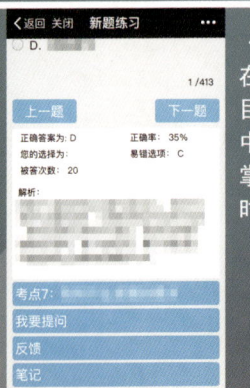

在"新题练习"、"热题研习"、"熟题重温"中做错的题目会进入到这个模块，所有错题按照时间倒序显示，距离当前时间越久越先显示，并且同一道错题需要连续做对三次才能进入到"熟题重温"中，错题的抗遗忘曲线法帮助考生真正掌握每一个考点。

8 · 典型试卷

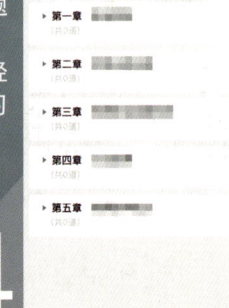

"典型试卷"是由全国资格认证考试热题库编委会精心编写的冲刺试卷，帮助考生在考前冲刺使用，此模块的重要性不言而喻。

9 · 个人中心

点击头像进入个人中心，在个人中心详细展示考生复习情况，根据考生学习进度及学习成果生成评估报告，并且可以根据做题量及正确率进行平台排名，促进考生学习欲望。日志、排行榜、复习进度、评估报告从不同角度记录考生学习进度，帮助考生直观地了解复习情况。对于有疑问的问题和重点问题可以选择笔记记录或者使用积分悬赏进行提问；有能力的考生也可以对其他考生的提问进行解答，赚取积分的同时增强考生之间的互动性。

10 功 能

- · **日志**：记录考生每天的复习情况、做题总数、错题总数、正确率，方便考生安排复习计划。
- · **排行榜**：对所有参加考试的考生答题情况进行排名，知己知彼百战不殆。
- · **复习进度**：把每科考试按照章节划分查漏补缺，哪里没学学哪里。
- · **评估报告**：根据考生做题情况进行图表展示，让考生更直观地了解复习情况。
- · **笔记题目**：重点难点问题反复学习，记录上次学习知识盲点，温故而知新。
- · **我的提问**：考生对有疑问的问题进行提问，快速找到解决和学习办法。
- · **我的回答**：考生之间的互动，帮助别人的同时加深自己对知识点的理解，同时赚取积分。
- · **已购买的热题**：热题快速进入渠道，直接答题告别繁琐。
- · **已购买的错题**：错题快速进入渠道，直接答题告别繁琐。
- · **已购买的典型试卷**：典型试卷快速进入渠道，直接答题告别繁琐。

全国银行业专业人员职业资格考试热题库

《银行管理（中级）》模拟试卷（一）

一、单项选择题（共 80 题，每小题 0.5 分，共 40 分。以下各小题所给出的四个选项中，只有一项符合题目要求，请选择相应选项，不选、错选均不得分。）

1. 下列选项中，关于我国经济新常态具有的主要特征，叙述错误的是（   ）。
   A. 能源资源和生态环境空间相对较大
   B. 产业结构优化升级
   C. 新技术、新产品、新业态、新商业模式的投资机会大量涌现
   D. 逐步转向质量型、差异化为主的市场竞争

2. 货币政策环境不包括（   ）。
   A. 适时开展常备借贷便利和中期借贷便利操作
   B. 灵活开展公开市场操作
   C. 发挥好存款准备金率工具的作用
   D. 有效实施积极财政政策

3. 关于银监会提出的良好监管标准，下列选项中叙述错误的是（   ）。
   A. 促进金融稳定和金融创新共同发展
   B. 努力提升我国银行业在国际金融服务中的竞争力
   C. 对各类监管设限科学合理，有所为，有所不为，减少一切不必要的限制
   D. 客户利益优先

4. 在审查的过程中，银行业监管机构建立了相关程序，对拟任人任职资格的适当性进行审查。其中不包括（   ）。
   A. 考核   B. 考察   C. 考试   D. 面谈

5. 美国金融监管大致经历阶段中的审慎监管时期是指（   ）。
   A. 20 世纪 30 年代至 70 年代   B. 20 世纪 50 年代至 70 年代
   C. 20 世纪 70 年代至 80 年代   D. 20 世纪 90 年代至 2007 年次贷危机前

6. 《有效银行监管的核心原则》中的"大笔所有权转让"是（   ）。
   A. 原则 4   B. 原则 5   C. 原则 6   D. 原则 7

7. （   ）是对被检查机构某些业务领域、区域进行的专门检查。
   A. 全面检查   B. 专项检查   C. 临时检查   D. 后续检查

8. 商业银行监管评级要素不包括（   ）。
   A. 管理质量   B. 盈利状况   C. 市场风险   D. 声誉风险

9. 下列选项中，关于限制资产转让措施的相关情形说法错误的是（   ）。

· 1 ·

A. 主要是针对银行业金融机构的内部控制和风险管理有比较严重的缺陷

B. 有可能低价转让资产，使该机构蒙受损失

C. 存在着严重违规的关联交易行为

D. 有可能高价转让资产，使该机构蒙受声誉损失

10. （   ）是公正原则的必然要求和必要保障。
    A. 公开原则 B. 独立原则 C. 制约原则 D. 公平原则

11. （   ）是指与行政管理相对人处于相对地位，其行政行为被行政管理相对人认为侵犯自己的合法权益，并依法申请行政复议的行政机关一方。
    A. 行政复议第三人   B. 行政复议被申请人
    C. 行政复议申请人   D. 行政复议代理人

12. 负债成本计入当期经营成本或作为当期的营业费用从收入中减去，可在所得税以前冲减，从而使商业银行获取潜在利益，指的是负债的（   ）。
    A. 效益性   B. 有效性   C. 偿还性   D. 及时性

13. 银行承兑汇票保证金一般不低于承兑汇票金额的（   ）。
    A. 15%   B. 20%   C. 30%   D. 50%

14. 商业银行发行的（   ）是指本金和利息的清偿顺序列于商业银行其他负债之后、先于商业银行股权资本的债券。
    A. 一般债券 B. 混合资本债券 C. 次级债券 D. 次级债务

15. （   ）是指银行以合法方式筹集的资金自主发放的贷款。
    A. 自营贷款 B. 信用贷款 C. 特定贷款 D. 委托贷款

16. 企业使用较为频繁、出现问题较多，并且容易导致挪用的贷款品种是（   ）。
    A. 固定资产贷款 B. 流动资金贷款 C. 贸易融资 D. 银团贷款

17. 高风险债券不包括（   ）。
    A. 债券结构复杂   B. 信用评级在投资级别以下
    C. 发行人经营杠杆率过低   D. 债券杠杆率过高

18. 银行签发的，承诺自己在见票时无条件支付确定金额给收款人或持票人的票据是（   ）。
    A. 商业汇票 B. 银行本票 C. 汇款 D. 支票

19. 关于检查商业银行是否建立了完善银行卡操作规程并严格按章执行的内容，说法错误的是（   ）。
    A. 对成品卡和密码信函的登记管理   B. 对空白卡和制卡业务的管理
    C. 对柜员管理   D. 对持卡人管理

20. 下列选项中，关于银行保函主要风险点的说法，错误的是（   ）。
    A. 违规超负荷对内提供担保
    B. 为不具备条件的申请人出具银行保函
    C. 对外出具的保函文本存在明显缺陷，要素不全、权责不清或不符合国际惯例
    D. 落实保函的风险补偿措施不力，未执行保证和反担保制度

21. 一些商业银行出于业务发展的需要，将贷款承诺作为争揽优质客户、促进业务发展

的手段，擅自降低收费标准，少收甚至免费为客户办理贷款承诺业务，导致扰乱市场正常秩序属于（　　）。
　　A. 项目评估风险　　　　　　　　B. 不正当竞争风险
　　C. 政策性风险　　　　　　　　　D. 操作性风险

22. 下列选项中，不属于理财业务主要风险点的是（　　）。
　　A. 信用风险　　B. 法律风险　　C. 国别风险　　D. 操作风险

23. 目前同业业务的利率价格基本上属于（　　），市场供求敏感性较高，市场化程度较其他业务开放，因此会承受一定程度的市场风险。
　　A. 集中定价　　B. 随行就市　　C. 国家法定　　D. 集中竞价

24. 金融衍生品是一种（　　），其价值取决于一种或多种基础资产或指数。
　　A. 权利凭证　　B. 金融合约　　C. 实物资产　　D. 买卖合同

25. 金融创新概念是由（　　）提出的，当时指新的产品的生产、新技术或新的生产方法的应用、新的市场开辟、原材料新供应来源的发现和掌握、新的生产组织方式的实行等。
　　A. 哈耶克　　B. 凯恩斯　　C. 熊彼特　　D. 萨缪尔森

26. 互联网信托的资金出借人可以选择资金出借方式的周期不包括（　　）。
　　A. 9个月　　B. 6个月　　C. 12个月　　D. 18个月

27. 金融创新和金融监管之间的关系最终体现为（　　）的关系。
　　A. 金融创新和金融安全　　　　　B. 金融效率和金融安全
　　C. 金融监管和金融安全　　　　　D. 金融效率和金融监管

28. （　　）负责对商业银行董事和监事履职的综合评价，向银行业监督管理机构报告最终评价结果并通报股东大会。
　　A. 监事会　　B. 股东会　　C. 董事会　　D. 高级管理层

29. 1992年美国全国反虚假财务报告委员会下属的发起人委员会发布《内部控制——整体框架》，文件明确了内部控制的三大目标，下列（　　）不属于三大目标之一。
　　A. 财务报告的可靠性　　　　　　B. 财务报告的合规性
　　C. 发展的效果和效率　　　　　　D. 相关法律法规的遵循

30. （　　）对内部审计的独立性和有效性承担最终责任。
　　A. 监事会　　B. 董事会　　C. 股东大会　　D. 高级管理层

31. 银行业金融机构全面风险管理体系不包括（　　）要素。
　　A. 风险治理架构　　　　　　　　B. 风险管理政策和程序
　　C. 风险管理策略　　　　　　　　D. 风险偏好和风险承受能力

32. 担保、备用信用证等能够将信用风险转移给第三方，这种转移属于（　　）。
　　A. 保险转移　　B. 非保险转移　　C. 担保转移　　D. 再保险转移

33. 根据《巴塞尔协议》，法律风险是一种特殊的（　　）。
　　A. 声誉风险　　B. 市场风险　　C. 操作风险　　D. 国家风险

34. 下列选项中，关于合规文化的特点，说法错误的是（　　）。
　　A. 合规文化是银行的自身需求　　B. 合规文化必须通过制度传达

C. 合规文化体现了价值取向　　　　D. 合规风险报告是合规文化的核心

35. 银行内部管理人员根据银行所承担的风险计算的、银行需要保有的最低资本量为（　　）。

   A. 会计资本　　B. 监管资本　　C. 权益资本　　D. 经济资本

36. 《巴塞尔资本协议Ⅱ》的三大支柱不包括（　　）。

   A. 外部监管　　B. 最低资本要求　　C. 市场约束　　D. 内部监管

37. 某银行的核心资本为100亿元人民币，附属资本为50亿元人民币，风险加权资产为1500亿元人民币，则其资本充足率为（　　）。

   A. 10.0%　　B. 11.0%　　C. 12.0%　　D. 15.0%

38. 下列选项中，不属于国际银行业资产负债管理的工具方法的是（　　）。

   A. 风险计量方法　　B. 结构调节方法　　C. 风险对冲方法　　D. 量化交易方法

39. 商业银行资产负债监测分析工作的内容不包括（　　）。

   A. 建立资产负债管理监测报表体系　　B. 资产负债运行情况分析报告
   C. 开发建设资产负债管理信息系统　　D. 资产负债组合结构优化

40. 下列选项中，不属于商业银行内部资金转移价格模式的是（　　）。

   A. 期限匹配定价模式　　B. 多资金池模式
   C. 组合资金池模式　　D. 单资金池模式

41. 商业银行利率风险管理的主要控制手段包括限额管理和（　　）。

   A. 资本管理　　B. 风险转移　　C. 风险对冲　　D. 套期保值

42. 流动性风险的（　　）体现在整个市场的流动性风险往往由市场中某个环节的变化所引发，如货币政策、利率、市场重大投融资和房地产市场等变量引起，发生问题时不直接体现为金融机构的流动性缺口变动。

   A. 隐蔽性　　B. 敏感性　　C. 内生性　　D. 爆发性

43. 下列选项中，关于国际公认的流动性风险监管的定性标准说法错误的是（　　）。

   A. 原则14~17从全面检查评估、及时纠正整改、监管合作和信息沟通等方面对监管者在流动性风险监管方面的职责提出了具体要求

   B. 原则2~4提出了银行流动性风险信息披露要求，通过使市场参与者获得必要信息，以便对银行流动性风险管理和流动性风险水平进行恰当评价，发挥市场约束的作用

   C. 原则5~12对流动性风险计量和管理的主要内容、方法、技术和工具提出了要求，涵盖现金流预测、融资管理、抵押品管理、流动性资产储备管理、压力测试、应急计划和日间流动性管理等

   D. 原则1统领性地提出了流动性风险管理和监管的基本要求

44. 《流动性办法》要求管理信息系统应实现的功能不包括（　　）。

   A. 支持对融资抵（质）押品信息的监测

   B. 每日计算各个时间段的现金流入、流出及缺口

   C. 及时计算流动性风险监管和监测指标

   D. 支持对维度的流动性风险的实时监控

45. 商业银行绩效考评体系的基本要素不包括（　　）。
    A. 评价方法　　　B. 评价指标　　　C. 评价对象　　　D. 评价报告
46. 《薪酬指引》规定，商业银行的基本薪酬一般不高于其薪酬总额的（　　）。
    A. 25%　　　　　B. 35%　　　　　C. 40%　　　　　D. 50%
47. 我国商业银行的利息收入通常占总收入的（　　）以上。
    A. 50%　　　　　B. 70%　　　　　C. 80%　　　　　D. 90%
48. 下列选项中，银行业信息科技呈现的特征不包括（　　）。
    A. 银行业务高度依赖信息科技　　　B. 市场信息趋于全球化
    C. 业务与信息科技不断融合　　　　D. 系统环境日益复杂
49. 下列选项中，属于操作风险监控的是（　　）。
    A. 完善资产质量管理　　　　　　　B. 加强重点领域信用风险防控
    C. 提升风险处置质效　　　　　　　D. 强化从业人员管理
50. 金融类不良资产不包括的选项是（　　）。
    A. 证券不良资产　　　　　　　　　B. 银行不良资产
    C. 信托不良资产　　　　　　　　　D. 房贷不良资产
51. 资产公司集团管控的基本原则是要在（　　）的大框架下，以尊重附属法人机构独立法人地位为前提，合理合规地加强母公司对附属法人机构的管理。
    A. 《公司法》　　　　　　　　　　B. 《企业管理办法》
    C. 《监管办法》　　　　　　　　　D. 《会计法》
52. 信托的基本分类不包括的是（　　）。
    A. 意定信托和非意定信托　　　　　B. 定性信托和定量信托
    C. 民事信托和营业信托　　　　　　D. 私益信托与公益信托
53. 合理审慎设定在压力情景下公司满足流动性需求并持续经营的最短期限，在影响整个市场的系统性冲击情景下该期限应当不少于（　　）天。
    A. 10　　　　　　B. 20　　　　　　C. 30　　　　　　D. 40
54. （　　），中国银监会、财政部批准设立了信托业保障基金。
    A. 2014年5月　　B. 2014年7月　　C. 2014年11月　　D. 2014年12月
55. （　　）是我国经济体制和金融体制改革的产物，是我国金融体系中具有中国特色的一类非银行金融机构。
    A. 财务公司　　　B. 期货公司　　　C. 证券公司　　　D. 保险公司
56. 财务公司应明确划分各机构、各部门、各岗位的任务、职责和权限，建立职责分离、横向纵向相互监督制约的机制，并对关键岗位的人员实行（　　）。
    A. 定期轮岗制　　B. 定期培训制　　C. 定期晋升制　　D. 定期交流制
57. 资本充足率为资本净额与风险加权资产加（　　）倍的市场风险资本之比，财务公司资本充足率不得低于（　　）。
    A. 12；10%　　　B. 12.5；10%　　C. 12；15%　　　D. 12.5；20%
58. 金融租赁行业在发展过程中的功能优势不包括（　　）。
    A. 拉动产品需求　B. 促进社会投资　C. 实现充分就业　D. 平衡国际贸易

59. SPV（特殊目的公司）实现了（　　），规避了出租人母公司或其他隶属项目公司由于经营不善而导致对出租人及项目的不良影响，而且形成了项目的封闭运作，有利于控制项目风险。
   A. 风险规避　　　B. 风险降低　　　C. 风险控制　　　D. 风险隔离

60. 同业拆借比例是指金融租赁公司同业拆入资金余额占金融租赁公司资本净额的比例。金融租赁公司的同业拆借比例不得超过资本净额的（　　）。
   A. 30%　　　B. 50%　　　C. 80%　　　D. 100%

61. （　　）是指汽车金融公司可以提供向汽车经销商发放的采购车辆贷款和营运设备贷款。
   A. 向汽车购买者发放汽车贷款　　　B. 向汽车经销商发放汽车贷款
   C. 向汽车生产者发放汽车贷款　　　D. 向汽车维修者发放汽车贷款

62. 流动性比例是流动性资产与流动性负债之比，应不小于（　　）；担保余额比例是指担保余额与注册资本之比，应不大于（　　）。
   A. 100%；100%　　B. 80%；100%　　C. 50%；80%　　D. 100%；50%

63. 金融消费者面临着无处不在的风险，而且随着金融产品（　　）的提高和金融市场演变的提速，金融消费者权益保护的难度也在增加，亟待提高金融消费者自身素质以增强自我保护能力。
   A. 风险性　　　B. 复杂性　　　C. 单一性　　　D. 流动性

64. 下列选项中，关于银行业消费者权利的说法错误的是（　　）。
   A. 银行业金融机构不可以向第三方提供个人金融信息
   B. 银行业金融机构不用区分自有产品和代销产品
   C. 不可以篡改银行业消费者个人金融信息
   D. 公平公正制定格式合同和协议文本

65. 下列选项中，不属于开展储蓄业务需遵循的原则的是（　　）。
   A. 取款自由　　　B. 存款自愿　　　C. 定期付息　　　D. 存款有息

66. 银行业消费者投诉分类有（　　）。
   A. 一般性投诉和重大投诉　　　B. 普通投诉和重要投诉
   C. 普通投诉和一般性投诉　　　D. 重大投诉投诉和普通投诉

67. 下列选项中，不属于加强普惠金融教育与金融消费者权益保护的是（　　）。
   A. 广泛利用电视广播、书刊杂志等渠道多层面、广角度长期有效普及金融基础知识
   B. 以金融创新业务为重点，针对金融案件高发领域，运用各种新闻媒体开展金融风险宣传教育
   C. 建立健全普惠金融指标体系
   D. 加强金融消费者权益保护监督检查

68. 查理财业务是否满足风险隔离要求中，每只理财产品满足"三单"要求，"三单"不包括（　　）。
   A. 单独核算　　　B. 单独建账　　　C. 单独投资　　　D. 单独管理

69. 商业银行开办衍生产品交易业务，应当根据"制度先行"的原则，制定内部管理规章制度，不包括（　　）。
   A. 交易品种及其风险控制制度
   B. 风险管理制度和内部控制制度
   C. 衍生产品交易的风险模型指标及量化管理指标
   D. 交易员守则

70. 大额存单（CDS）是指由银行业存款类金融机构面向非金融机构投资人发行的、以人民币计价的记账式大额存款凭证，是银行存款类金融产品，属于（　　）。
   A. 一般性贷款　　B. 一般性存款　　C. 特殊存款　　D. 经营类存款

71. （　　）是最为彻底的综合化模式，允许同一家金融机构以内设事业部的形式经营全部或多项（至少应包括银行和证券）金融业务。
   A. 国有控股公司模式　　　　　B. 金融控股公司模式
   C. 银行母公司模式　　　　　　D. 全能银行模式

72. （　　）负责执行董事会制定的金融创新发展战略和风险管理政策。
   A. 高级管理层　　B. 事业部　　C. 业务经理　　D. 董事会秘书

73. 商业银行内部控制的基本原则不包括（　　）。
   A. 全覆盖原则　　B. 制衡性原则　　C. 审慎性原则　　D. 持续发展性原则

74. 商业银行应指定（　　）作为内控管理职能部门，牵头内部控制体系的统筹规划、组织落实和检查评估。
   A. 高级管理层　　B. 专门部门　　C. 审计部门　　D. 董事会

75. 风险对冲是指通过投资或购买与标的资产收益波动（　　）的某种资产或衍生产品，来冲销标的资产潜在损失的一种策略性选择。
   A. 正相关　　B. 负相关　　C. 不相关　　D. 同等

76. 银行业金融机构（　　）承担全面风险管理的最终责任。
   A. 股东大会　　B. 董事会　　C. 高级管理层　　D. 监事会

77. （　　）是指对银行内部合规风险的存在或发生的可能性以及合规风险产生的原因等进行分析判断，并且通过收集和整理银行所有的合规风险点开成合规风险列表，以便进一步对合规风险进行评估和监测等系统性活动。
   A. 合规风险识别　　　　　　B. 合规风险评估
   C. 合规风险测试　　　　　　D. 合规风险监测

78. 商业银行的（　　）对构建高效合规风险管理体系以确保银行合规负有最终责任。
   A. 股东大会　　B. 董事会　　C. 高级管理层　　D. 监事会

79. 经济资本反映了为抵补银行资产或投资组合面临的（　　）所需要的资本。
   A. 系统风险　　B. 非预期损失　　C. 预期损失　　D. 非系统风险

80. 为了加强银行业资本监管，提高银行抵御风险能力，巴塞尔委员会在1988年通过了（　　）。
   A. 《巴塞尔协议Ⅰ》　　　　　B. 《巴塞尔协议Ⅱ》
   C. 《巴塞尔协议Ⅲ》　　　　　D. 《巴塞尔协议Ⅳ》

二、多项选择题（共20题，每小题1.5分，共30分。以下各小题所给出的五个选项中，只有两项或两项以上符合题目要求，请选择相应选项，不选、错选均不得分。）

1. 我国经济发展的大逻辑包括（　　）。
   A. 引领新常态
   B. 适应新常态
   C. 认识新常态
   D. 提升新常态
   E. 完善新常态

2. 监管理念中，提高透明度主要的原因是（　　）。
   A. 便于市场约束
   B. 与银行业监管相得益彰
   C. 有助于增进市场信心
   D. 有助于稳定市场
   E. 有助于维护客户利益

3. 我国银行业市场准入的法律体系不包括（　　）。
   A. 部门规章
   B. 行政法规
   C. 法律
   D. 公司内部制度
   E. 自律性规章

4. 下列选项中，关于《有效银行监管的核心原则》的内容说法正确的是（　　）。
   A. 可停止批准其开办新业务或收购活动
   B. 监管者应当有权力限制银行当前开展的业务
   C. 银行监管者必须掌握完善的监管手段
   D. 有权力限制或暂停向股东支付红利或其他收入
   E. 可以进行资产转让及购回自己的股权

5. 在负债业务风险管理中，商业银行主要注重防范（　　）监管机构重点关注商业银行开展负债业务账户的合规性、融资手段的规范性、柜台和柜员管理中的操作风险等。
   A. 利率风险
   B. 市场风险
   C. 流动性风险
   D. 法律风险
   E. 信息科技风险

6. 目前，（　　）属于我国商业银行个人贷款。
   A. 个人助学贷款
   B. 个人消费贷款
   C. 个人住房贷款
   D. 个人经营贷款
   E. 房地产贷款

7. 商业银行应当遵循（　　），规范披露信息，不得存在虚假报告、误导和重大遗漏等。
   A. 准确性原则
   B. 真实性原则
   C. 完整性原则
   D. 公开性原则
   E. 审慎性原则

8. 银行卡用户使用管理中的风险包括（　　）。

A. 信用卡失窃的风险　　　　　　　B. 持卡人的资信能力变化风险
C. 真实持卡人的信用风险　　　　　D. 持卡人恶意透支风险
E. 信用卡的伪造及涂改风险

9. 资讯技术的进步使全球金融市场连成一体，加快了金融市场的（　　）。
A. 网络化　　　　　　　　　　　　B. 国际化
C. 全球化　　　　　　　　　　　　D. 一体化
E. 多元化

10. 银行业金融机构全面风险管理体系应当包括（　　）要素。
A. 风险管理政策和程序　　　　　　B. 风险治理架构
C. 风险管理策略　　　　　　　　　D. 内部控制和审计体系
E. 风险偏好和风险承受能力

11. 科学合理的合规管理绩效考核、严格及时的违规问责，有助于提升合规风险管理的（　　）。
A. 有效性　　　　　　　　　　　　B. 一致性
C. 独立性　　　　　　　　　　　　D. 统一性
E. 全面性

12. 以下属于核心一级资本的是（　　）。
A. 资本公积　　　　　　　　　　　B. 未公开储备
C. 一般风险准备　　　　　　　　　D. 未分配利润
E. 实收资本

13. 商业银行常用的存款定价方法包括（　　）。
A. 行业价格法　　　　　　　　　　B. 基准利率法
C. 逆向倒推法　　　　　　　　　　D. 综合评价法
E. 客户盈利分析法

14. 金融危机暴露出银行流动性风险管理存在的不足，包括（　　）。
A. 压力测试情景设置过于宽松，应急计划和压力测试不够有效，优质流动性资产储备不足
B. 银行流动性风险偏好过高
C. 未能有效评估一些快速发展的复杂金融产品或业务所带来的流动性风险
D. 董事会和高管层对流动性风险管理的重视程度不够、资源投入不足
E. 未能有效评估表外或有负债或非契约性义务中潜在的流动性需求

15. 下列选项中，属于商业银行薪酬的是（　　）
A. 基本薪酬　　　　　　　　　　　B. 津贴和补贴
C. 绩效薪酬　　　　　　　　　　　D. 中长期激励
E. 福利性收入

16. 信托公司申请调整业务范围，增加以下哪些业务资格时，应向银监分局或所在城市银监局提交申请（　　）。
A. 特定目的受托机构资格　　　　　B. 企业年金基金管理业务资格

C. 受托境外理财业务资格
D. 股指期货交易的衍生品交易业务资格
E. 发行金融债券、次级债券

17. 处置回避原则是指资产公司不得向以下哪些人员转让不良资产？（ ）
    A. 会计师
    B. 国家公务员
    C. 资产公司工作人员
    D. 金融监管机构工作人员
    E. 国有企业债务人管理层以及参与资产处置工作的律师

18. 下列选项中，属于G20金融消费者保护基本原则的是（ ）。
    A. 保护消费者信息和隐私
    B. 防止欺骗和误导消费者
    C. 监管主体的角色
    D. 法律、管理和监督框架
    E. 信息披露和透明度

19. 下列选项中，属于银行业消费者主要权利的有（ ）。
    A. 隐私权
    B. 安全权
    C. 知情权
    D. 选择权
    E. 公平交易权

20. 部分国家和地区为节约有限的监管资源，由政府或监管部门发起成立了金融督察服务机构作为（ ）的庭外纠纷解决机构，金融督察服务机构不代表政府或金融机构任何一方的利益，中立、独立地解决金融纠纷。
    A. 便捷
    B. 高效
    C. 中立
    D. 独立
    E. 成本较低

三、判断题（共20题，每小题1.5分，共30分。请判断以下各小题的对错，正确的用"A"表示，错误的用"B"表示。）

1. 从消费需求看，过去我国消费具有明显的模仿型排浪式特征，现在个性化、多样化消费渐成主流。

2. 公平、竞争、有序是发挥市场作用的前提。

3. 商业银行解散、被撤销和破产的，不需要进行清算，直接宣布即可。

4. 信托公司申请投资设立、参股、收购境外机构由所在地银监局受理、审查并决定。银监局自受理之日起3个月内作出批准或不批准的书面决定，并抄报中国银监会。

5. 行政处罚执行结束后，行政处罚委员会办公室应当制作结案报告，将有关行政处罚案卷材料立卷存档。

6. 单位协定存款对超过基本存款额度的存款按人民银行规定的协定存款利率计付利息、对基本存款额度按活期存款利率付息的存款类型。

7. 国际保理是债权人和债务人双方均在境外的保理业务。

8. 收单业务中，银行卡受理终端的使用范围、装机地址、装机编号与已签订的协议一致。

9. 商业银行应当建立内部控制问题整改机制，明确整改责任人员，规范整改工作流程，确保整改措施落实到位。

10. 商业性贷款理论认为，商业银行的资金来源主要是流动性较强的活期存款，因此商业银行只应发放与商品周转相联系或生产物资储备相适应的自偿还性贷款。

11. 目前，巴塞尔委员会已经发布了修订后的净稳定资金比例标准及净稳定资金比例披露标准，银监会将结合我国实际，适时引入相关要求。

12. 完善科技治理，落实生产保障，加强产品研发，进行有效风险控制，这是信息科技工作的整体考虑，包括管理、生产、开发、风控四个方面，需要统筹兼顾，不可偏废。

13. 在非金融类不良资产业务中，债权人将不良资产转让给资产公司，只变更了债权人，同时增加了债务人的负担。

14. 为了满足不同投资者的风险偏好，信托公司可以研发不同风险度的信托产品，向合格的投资者销售。

15. 自有固定资产比例为自有固定资产与资本总额之比。自有固定资产是指固定资产折旧后的净值，即固定资产原价减去累计折旧。资本总额为核心资本与附属资本可计算价值之和减去贷款损失准备尚未提足部分。财务公司自有固定资产比例不得高于30%。

16. 银行业金融机构应该尊重银行业消费者的知情权和自主选择权，履行告知义务。

17. 银行业金融机构应公平公正的制定格式合同和协议文本，不得出现误导、欺诈等侵害银行业消费者合法权益的条款。

18. 为了防止欺骗和误导消费者，应建立适当的监控和保护机制，尽力保护消费者的存款及其他金融资产，防止欺骗、挪用客户资金等侵害消费者利益的行为发生。

19. 普惠金融是指立足机会平等要求和商业可持续原则，以可负担的成本为有金融服务需求的社会各阶层和群体提供适当、有效的金融。

20. 现金流缺口包括正常情景下和压力情景下的现金流缺口。

模拟试卷（一）参考答案及解析

一、单项选择题

1. 【答案】 A

【解析】B、C、D 三个选项说法均正确；从资源环境约束看，过去能源资源和生态环境空间相对较大，现在能源承载能力已经达到或接近上限，必须推动形成绿色低碳循环发展新方式。

2. 【答案】 D

【解析】货币政策环境包括：灵活开展公开市场操作；适时开展常备借贷便利和中期借贷便利操作；发挥好存款准备金率工具的作用；运用好再贷款、再贴现和抵押补充贷款工具；利率市场化改革取得关键性进展；推进汇率形成机制的市场化。D 选项属于财政政策环境的内容。

3. 【答案】 D

【解析】银监会在成立之初，提出了良好监管的六条标准：（1）促进金融稳定和金融创新共同发展；（2）努力提升我国银行业在国际金融服务中的竞争力；（3）对各类监管设限科学合理，有所为，有所不为，减少一切不必要的限制；（4）鼓励公平竞争，反对无序竞争；（5）对监管者和被监管者都要实施严格、明确的问责制；（6）高效、节约地使用一切监管资源。

4.【答案】　D

【解析】在审查的过程中，银行业监管机构建立了考核、考试和考察程序，对拟任人任职资格的适当性进行审查。

5.【答案】　D

【解析】美国金融监管大致经历的阶段是：（1）自由竞争时期（20世纪30年代以前）；（2）大萧条后的严格监管时期（20世纪30年代至70年代）；（3）再次放松监管时期（20世纪70年代至80年代）；（4）审慎监管时期（20世纪90年代至2007年次贷危机前）；（5）次贷危机后全面强化监管。

6.【答案】　C

【解析】《有效银行监管的核心原则》：原则4"许可的业务范围"；原则5"发照标准"；原则6"大笔所有权转让"；原则7"重大收购"。

7.【答案】　B

【解析】现场检查分为全面检查、专项检查、后续检查、临时检查和稽核调查。全面检查是在一定周期内对法人机构公司治理、经营管理和业务活动及其风险状况进行的全面性检查，原则上每5年至少安排一次；专项检查是对被检查机构某些业务领域、区域进行的专门检查；后续检查是对被检查机构以往现场检查中发现的重大问题整改落实情况进行的检查；临时检查是根据上级部门重大工作部署或针对银行业金融机构的重大突发事件开展的检查；稽核调查是采用现场检查方法对特定事项进行专门调查的活动。

8.【答案】　D

【解析】商业银行监管评级要素共7项，分别为资本充足（C）、资产质量（A）、管理质量（M）、盈利状况（E）、流动性风险（L）、市场风险（S）和信息科技风险（I）。

9.【答案】　D

【解析】限制资产转让：该项规定赋予银行业监督管理机构限制银行业金融机构资产转让行为的权力。该项措施主要是针对银行业金融机构的内部控制和风险管理有比较严重的缺陷，存在着严重违规的关联交易行为，有可能低价转让资产，使该机构蒙受损失等情况。

10.【答案】　A

【解析】公开原则是公正原则的必然要求和必要保障。

11.【答案】　B

【解析】行政复议的参加人是指行政复议活动的主体，是与申请人行政复议的行政行为有利害关系的当事人，其范围包括申请人、被申请人、第三人及代理人等。（1）行政复议申请人，是指认为行政机关的行政行为侵犯其合法权益，依据行政复议法的规定以自己的名义向行政复议机关申请行政复议，要求变更或者撤销原行政行为的公民、法人或者其他组织；（2）行政复议被申请人，是指与行政管理相对人处于相对地位，其行政行为被行政管理相对人认为侵犯自己的合法权益，并依法申请行政复议的行政机关一方；（3）行政复议第三人,是指同被申请行政复议的行政行为有利害关系,为了保护自己的合法权益而参加到正在进行的行政复议活动中的公民、法人或者其他组织;(4)行政复议代理人,是指以行政复议申请人或者第三人的名义,在代理权限内进行行政复议活动的人。

12.【答案】 A
【解析】负债具有潜在效益性,主要体现在下述两个方面:(1)负债筹资运用所得收入大于负债成本;(2)负债成本计入当期经营成本或作为当期的营业费用从收入中减去,可以在所得税以前冲减,从而使商业银行获取潜在利益。

13.【答案】 B
【解析】银行承兑汇票保证金一般不低于承兑汇票金额的20%。

14.【答案】 C
【解析】商业银行发行的次级债券是指本金和利息的清偿顺序列于商业银行其他负债之后、先于商业银行股权资本的债券,选项C正确。

15.【答案】 A
【解析】按照贷款资金来源和经营模式不同,商业银行贷款可分为自营贷款、委托贷款和特定贷款。自营贷款:指银行以合法方式筹集的资金自主发放的贷款,其风险由银行承担,并由银行收回本金和利息。委托贷款:指由政府部门、企事业单位及个人等委托人提供资金,由银行(受托人)根据委托人确定的贷款对象、用途、金额、期限、利率等代为发放、监督使用并协助收回的贷款。委托贷款的风险由委托人承担,银行(受托人)只收取手续费,不承担贷款风险,不代垫资金。特定贷款:指国务院批准并对贷款可能造成的损失采取相应补救措施后责成银行发放的贷款。

16.【答案】 B
【解析】流动资金贷款是我国商业银行最为传统的信贷业务,但同时也是企业使用较为频繁、出现问题较多、且易于导致挪用的贷款品种。

17.【答案】 C
【解析】高风险债券包括但不限于:信用评级在投资级别以下;债券结构复杂杠杆率较高;发行人经营杠杆率过高;有关发行人的经营状况和财务状况等信息披露不够充分、完整、及时。

18.【答案】 B
【解析】银行本票是银行签发的,承诺在见票时无条件支付确定金额给收款人或者持票人的票据。银行承兑汇票是由出票人签发的,由银行承兑的,委托付款人在指定日期无条件支付确定的金额给收款人或持票人的票据。两者的区别在于银行本票是由银行签发的;银行承兑汇票是由出票人签发的。

19.【答案】 D
【解析】银行卡业务的监管要求:(1)检查商业银行是否根据银行卡业务风险特点制定相应的管理规章制度,强化对新发银行卡的风险防范和信用审查;是否制定了详细的分级授权体系,并坚持在责任范围内授权。(2)检查商业银行是否建立了完善银行卡操作规程并严格按章执行,内容包括对空白卡和制卡业务的管理、成品卡和密码信函的登记管理以及对柜员管理等内容。(3)检查商业银行是否建立了完善的银行卡风险资产管理制度体系,内容涉及信用审批、透支和信用卡欠款的追索、持卡人欺诈侦测、商户欺诈侦测、资产分类、呆账核销等各环节。（4）检查商业银行是否建立了银行卡业务内部监督制约机制，定期安排内控人员，负责组合定期对银行卡业务流程执行情况实施检查。（5）未建立信用卡授信管理制度，是否随意上调额度，超授信额度用卡服务授权、分期业务授权等。（6）违反审慎经营规则，放任个人信用卡（不含服务"三农"的惠农信用卡）透支应当用于生产经营、透支等非消费领域。（7）检查商业银行支付业务系统安全生产、受理终端（含网络支付接口）安全、支付敏感信息保护等内容是否满足监管要求。

20. 【答案】 A

【解析】银行保函的主要风险点包括：（1）未建立完整有效的保函业务管理办法、操作规程和财务核算办法，存在明显的制度缺陷。（2）未将保函纳入全行统一授权授信管理，保函业务风险管理基础薄弱。（3）违反授权授信管理规定，违规出具保函。（4）为不具备条件的申请人出具银行保函。（5）违规超负荷对外提供担保。（6）落实保函的风险补偿措施不力，未执行保证和反担保制度。存在无保证金出具保函；保证金管理混乱，未进行专户管理和专款专用；为要求被担保人落实反担保措施或提供足额抵押物的行为。（7）对外出具的保函文本存在明显缺陷，要素不全、权责不清或不符合国际惯例，容易引发经济法律纠纷。

21. 【答案】 B

【解析】（1）政策性风险：对于出具贷款承诺的项目和开立信贷证明的工程，项目/工程必须符合国家产业政策和银行授信政策。对于环保、土地、国防等涉及资源和公共利益的合规审批手续，一定要作为出具承诺函首要考虑的因素。（2）不正当竞争风险：一些商业银行出于业务发展的需要，将贷款承诺作为争揽优质客户、促进业务发展的手段，擅自降低收费标准，少收甚至免费为客户办理贷款承诺业务，导致扰乱市场正常秩序的不正当竞争风险。（3）项目评估风险：忽视对项目的审查和评估，缺乏必要的风险意识，形成授信项目的评估风险，会给日后正式批贷造成误导。（4）操作性风险：在审查授信额度时，银行不可能对具体授信业务的风险等进行审查，因此，在授信额度批准后，商业银行在具体操作中，还应针对不同授信品种的性质、特点，对客户信用风险以外的风险进行严格审查，逐笔审核发放。

22. 【答案】 C

【解析】理财业务的主要风险点：（1）信用风险；（2）法律风险；（3）操作风险；（4）声誉风险；（5）市场风险；（6）流动性风险。

23. 【答案】 B

【解析】目前同业业务的利率价格基本上属于随行就市，市场供求敏感性较高，市场化程度较其他业务开放，因此会承受一定程度的市场风险。

24. 【答案】 B

【解析】金融衍生品是一种金融合约，其价值取决于一种或多种基础资产或指数，合约的基本种类包括远期、期货、掉期（互换）和期权。

25. 【答案】 C

【解析】金融创新概念是由熊彼特提出的，当时指新的产品的生产、新技术或新的生产方法的应用、新的市场开辟、原材料新供应来源的发现和掌握、新的生产组织方式的实行等。

26.【答案】 D

【解析】互联网信托的资金出借人可以选择3个月、6个月、9个月、12个月、24个月等不同周期的资金出借方式，在线上完成直接投资。

27.【答案】 B

【解析】金融创新和金融监管之间的关系最终体现为金融效率和金融安全的关系。

28.【答案】 A

【解析】监事会负责对商业银行董事和监事履职的综合评价，向银行业监督管理机构报告最终评价结果并通报股东大会。

29.【答案】 B

【解析】现代意义上的内部控制的演进，其中一个重要的标志性事件，是1992年美国全国反虚假财务报告委员会下属的发起人委员会发布《内部控制——整体框架》。该文件明确了内部控制的三大目标，包括财务报告的可靠性、发展的效果和效率、相关法律法规的遵循；并提出了内部控制的五个要素，包括控制环境、风险评估、控制活动、信息与沟通和内部监督。

30.【答案】 B

【解析】董事会对内部审计的独立性和有效性承担最终责任。

31.【答案】 D

【解析】银行业金融机构全面风险管理体系应当包括但不限于以下要素：（1）风险治理架构；（2）风险管理策略、风险偏好和风险限额；（3）风险管理政策和程序；（4）管理信息系统和数据质量控制机制；（5）内部控制和审计体系。

32.【答案】 B

【解析】风险转移是指通过购买某种金融产品或采取其他合法的经济措施将风险转移给其他经济主体的一种策略性选择。风险转移可分为保险转移和非保险转移。（1）保险转移是指商业银行购买保险，以缴纳保险费为代价，将风险转移给承保人。（2）非保险转移。担保、备用信用证等能够将信用风险转移给第三方。

33.【答案】 C

【解析】商业银行风险按照诱发原因，可以分为信用风险、市场风险、操作风险、流动性风险、国家风险、法律风险、声誉风险、战略风险等。根据《巴塞尔协议》，法律风险是一种特殊类型的操作风险，它包括但不限于因监管措施和解决民商事争议而支付的罚款、罚金或者惩罚性赔偿所导致的风险敞口。

34.【答案】 D

【解析】合规文化的特点：（1）合规文化的核心是法律意识；（2）合规文化是银行的自身需求；（3）合规文化体现了价值取向；（4）合规文化必须通过制度传达。

35.【答案】 D

【解析】经济资本是根据银行资产的风险程度计算出来的虚拟资本，即银行所"需要"的资本，或"应该持有"的资本，而不是银行实际拥有的资本。

36. 【答案】 D

【解析】《巴塞尔资本协议Ⅱ》：最低资本要求、外部监管、市场约束。

37. 【答案】 A

【解析】资本充足率=（核心资本+附属资本）/风险加权资产=150/1500=10%。

38. 【答案】 D

【解析】国际银行业资产负债管理的工具方法大致可以分为：风险计量方法、风险对冲方法和结构调节方法。

39. 【答案】 D

【解析】商业银行资产负债监测分析工作应至少包括下述三方面内容：(1) 开发建设资产负债管理信息系统；(2) 建立资产负债管理监测报表体系；(3) 资产负债运行情况分析报告。

40. 【答案】 C

【解析】商业银行内部资金转移价格模式主要包括单资金池模式、多资金池模式和期限匹配定价模式。

41. 【答案】 C

【解析】利率风险管理的目的是将银行面临的利率风险控制在可承受范围内，主要控制手段包括限额管理和风险对冲。

42. 【答案】 A

【解析】隐蔽性体现在整个市场的流动性风险往往由市场中某个环节的变化所引发，如货币政策、利率、市场重大投融资和房地产市场等变量引起，发生问题时不直接体现为金融机构的流动性缺口变动。

43. 【答案】 B

【解析】原则1统领性地提出了流动性风险管理和监管的基本要求。原则2~4围绕流动性风险管理体系中有关风险治理的一系列关键性内容，对流动性风险偏好、董事会和高管层在流动性风险管理中的基本职责，以及在银行内部激励机制和新产品审批中如何纳入流动性风险考量等分别提出了具体要求。原则5~12对流动性风险计量和管理的主要内容、方法、技术和工具提出了要求，涵盖现金流预测、融资管理、抵押品管理、流动性资产储备管理、压力测试、应急计划和日间流动性管理等。原则13提出了银行流动性风险信息披露要求，通过使市场参与者获得必要信息，以便对银行流动性风险管理和流动性风险水平进行恰当评价，发挥市场约束的作用。原则14~17从全面检查评估、及时纠正整改、监管合作和信息沟通等方面对监管者在流动性风险监管方面的职责提出了具体要求。

44. 【答案】 D

【解析】《流动性办法》要求管理信息系统应至少实现以下七项功能：(1) 每日计算各个时间段的现金流入、流出及缺口；(2) 及时计算流动性风险监管和监测指标；(3) 支持对流动性风险限额的监测和控制；(4) 支持对大额资金流动的实时监控；(5) 支持对优质流动性资产及其他无变现障碍资产信息的监测；(6) 支持对融资抵（质）押品信息的监测；(7) 支持在不同假设情景下实施压力测试。

45. 【答案】 A

【解析】绩效评价系统作为银行价值管理系统一个重要的子系统，主要由以下几个基本要素构成：（1）评价目标；（2）评价对象；（3）评价指标；（4）评价标准；（5）评价报告。

46. 【答案】 B

【解析】商业银行的基本薪酬一般不高于其薪酬总额的35%。

47. 【答案】 B

【解析】利息收入是商业银行收入的最主要来源，在我国，通常占总收入的70%以上。

48. 【答案】 B

【解析】银行业信息科技呈现如下特征：（1）银行业务高度依赖信息科技。（2）系统环境日益复杂。（3）业务与信息科技不断融合。（4）信息科技的外部性特点显著。

49. 【答案】 D

【解析】选项D正确。操作风险监管包括完善操作风险防控机制和强化从业人员管理。选项ABC属于信用风险监管。

50. 【答案】 D

【解析】金融类不良资产，除银行不良资产外，还包括证券、保险、信托等非银行金融机构形成的不良资产。

51. 【答案】 A

【解析】资产公司集团管控的基本原则是要在《公司法》的大框架下，以尊重附属法人机构独立法人地位为前提，合理合规地加强母公司对附属法人机构的管理。选项A正确。

52. 【答案】 B

【解析】信托可以分为以下几类：私益信托与公益信托；意定信托和非意定信托；民事信托和营业信托。

53. 【答案】 C

【解析】合理审慎设定在压力情景下公司满足流动性需求并持续经营的最短期限，在影响整个市场的系统性冲击情景下该期限应当不少于30天。选项C正确。

54. 【答案】 D

【解析】2014年12月，中国银监会、财政部批准设立了信托业保障基金。选项D正确。

55. 【答案】 A

【解析】财务公司是我国经济体制和金融体制改革的产物，是我国金融体系中具有中国特色的一类非银行金融机构，设立财务公司是20世纪80年代国家实施"大公司、大集团"战略的配套政策之一。

56. 【答案】 A

【解析】财务公司应明确划分各机构、各部门、各岗位的任务、职责和权限，建立职责分离、横向纵向相互监督制约的机制，并对关键岗位的人员实行定期轮岗制。选项A正确。

57. 【答案】 B

【解析】资本充足率为资本净额与风险加权资产加12.5倍的市场风险资本之比，财务公司资本充足率不得低于10%。选项B正确。

58. 【答案】 C

【解析】金融租赁行业在发展过程中逐步确立了五个方面的功能优势：（1）促进社会投资；（2）拉动产品需求；（3）推动经济调整结构；（4）增加企业融资渠道；（5）平衡国际贸易。

59．【答案】　D

【解析】SPV 实现了风险隔离，规避了出租人母公司或其他隶属项目公司由于经营不善而导致对出租人及项目的不良影响，而且形成了项目的封闭运作，有利于控制项目风险。选项 D 正确。

60．【答案】　D

【解析】同业拆借比例是指金融租赁公司同业拆入资金余额占金融租赁公司资本净额的比例。金融租赁公司的同业拆借比例不得超过资本净额的 100%。选项 D 正确。

61．【答案】　A

【解析】向汽车经销商发放汽车贷款，是指汽车金融公司可以提供向汽车经销商发放的采购车辆贷款和营运设备贷款。

62．【答案】　A

【解析】流动性比例是流动性资产与流动性负债之比，应不小于 100%。担保余额比例是指担保余额与注册资本之比，应不大于 100%。选项 A 正确。

63．【答案】　B

【解析】金融消费者面临着无处不在的风险，而且随着金融产品复杂性的提高和金融市场演变的提速，金融消费者权益保护的难度也在增加，亟待提高金融消费者自身素质以增强自我保护能力。当前，金融教育已逐渐成为市场行为和审慎监管的有效补充，许多国家在改进个人金融行为上也将金融教育定位为长期优先事项。选项 B 正确。

64．【答案】　B

【解析】银行业金融机构应当尊重银行业消费者的公平交易权，公平、公正地制定格式合同和协议文本，不得出现误导、欺诈等侵害银行业消费者合法权益的条款。银行业金融机构应当尊重银行业消费者的个人金融信息安全权，采取有效措施加强对个人金融信息的保护，不得篡改、违法使用银行业消费者个人金融信息，不得在未经银行业消费者授权或同意的情况下向第三方提供个人金融信息。银行业金融机构应当在产品销售过程中，严格区分自有产品和代销产品，不得混淆、模糊两者性质向银行业消费者误导销售金融产品。

65．【答案】　C

【解析】开展储蓄业务遵循"存款自愿、取款自由、存款有息、为储户保密"的原则。选项 C 不属于开展储蓄业务需遵循的原则。

66．【答案】　A

【解析】银行业消费者按照投诉的影响程度分为一般性投诉与重大投诉。

67．【答案】　C

【解析】加强普惠金融教育与金融消费者权益保护措施：（1）广泛利用电视广播、书刊杂志等渠道多层面、广角度长期有效普及金融基础知识；（2）以金融创新业务为重点，针对金融案件高发领域，运用各种新闻媒体开展金融风险宣传教育，促进公众强化金融风险防范意识，树立"收益自享、风险自担"观念；（3）加强金融消费者权益保护监督检查，及时查处侵害金融消费者合法权益行为，维护金融市场有序运行；（4）加大对普惠金融的宣传力度。

68.【答案】 C

【解析】检查理财业务是否满足风险隔离要求中，每只理财产品满足"三单"要求，"三单"是指：单独管理、单独建账和单独核算。

69.【答案】 B

【解析】商业银行开办衍生产品交易业务，应当根据"制度先行"的原则，制定内部管理规章制度，且至少包括以下内容：（1）衍生产品交易业务的指导原则、业务操作规程（业务操作规程应当体现交易前台、中台与后台分离的原则）和针对突发事件的应急计划；（2）新业务、新产品审批制度及流程；（3）交易品种及其风险控制制度；（4）衍生产品交易的风险模型指标及量化管理指标；（5）风险管理制度和内部审计制度；（6）衍生产品交易业务研究与开发的管理制度及后评价制度；（7）交易员守则；（8）交易主管人员岗位责任制度，对各级主管人员与交易员的问责制度和激励约束机制；（9）对前台、中台、后台主管人员及工作人员的培训计划。

70.【答案】 B

【解析】大额存单（CDS）是指由银行业存款类金融机构面向非金融机构投资人发行的、以人民币计价的记账式大额存款凭证，是银行存款类金融产品，属一般性存款。

71.【答案】 D

【解析】全能银行模式是最为彻底的综合化模式，允许同一家金融机构以内设事业部的形式经营全部或多项（至少应包括银行和证券）金融业务。

72.【答案】 A

【解析】高级管理层负责执行董事会制定的金融创新发展战略和风险管理政策。

73.【答案】 D

【解析】根据《商业银行内部控制指引》，银行建立与实施内部控制应当遵循的原则：（1）全覆盖原则；（2）制衡性原则；（3）审慎性原则；（4）相匹配原则。

74.【答案】 B

【解析】商业银行应当指定专门部门作为内控管理职能部门，牵头内部控制体系的统筹规划、组织落实和检查评估。

75.【答案】 B

【解析】风险对冲是指通过投资或购买与标的资产收益波动负相关的某种资产或衍生产品，来冲销标的资产潜在损失的一种策略性选择。

76.【答案】 B

【解析】银行业金融机构董事会承担全面风险管理的最终责任，履行以下职责：（1）建立风险文化；（2）制定风险管理策略；（3）设定风险偏好和风险限额；（4）审批风险管理政策和程序；（5）监督高级管理层开展全面风险管理；（6）审议全面风险管理报告；（7）审批全面风险和各类重要风险的信息披露；（8）聘任风险总监（首席风险官）或其他高级管理人员，牵头负责全面风险管理；（9）其他与风险管理有关的职责。

77.【答案】 A

【解析】合规风险识别是指对银行内部合规风险的存在或发生的可能性以及合规风险产生的原因等进行分析判断，并且通过收集和整理银行所有的合规风险点开成合规风险列表，以便进一步对合规风险进行评估和监测等系统性活动。

78.【答案】 B

【解析】商业银行的董事会对构建高效合规风险管理体系以确保银行合规负有最终责任。

79.【答案】 B

【解析】经济资本反映了为抵补银行资产或投资组合面临的非预期损失所需要的资本，因此，对经济资本的计量实质上是对非预期损失的计量。

80.【答案】 A

【解析】1988年，巴塞尔委员会正式出台了《统一国际银行资本计量和资本标准的国际协议》（即第一版巴塞尔资本协议，简称《巴塞尔协议Ⅰ》），确立了资本充足率监管的基本框架，第一次在国际上明确了资本充足率监管的三个要素，即监管资本定义、风险加权资产计算和资本充足率监管要求。

二、多项选择题

1.【答案】 ABC

【解析】认识新常态、适应新常态、引领新常态，是我国经济发展的大逻辑。

2.【答案】 ABC

【解析】监管理念中，提高透明度主要有三点原因：（1）便于市场约束；（2）与银行业监管相得益彰；（3）有助于增进市场信心。

3.【答案】 DE

【解析】我国银行业市场准入法律体系包括：法律、行政法规、部门规章。

4.【答案】 ABCD

【解析】银行监管者必须掌握完善的监管手段，以便在银行未能满足审慎要求（如最低资本充足率）或当存款人的安全受到威胁时及时采取纠正措施；在紧急情况下，其中应包括撤销银行执照或建议撤销其执照、监管者应当有权力限制银行当前开展的业务，并停止批准其开办新业务或收购活动；还应该有权力限制或暂停向股东支付红利或其他收入，禁止资产转让及购回自己的股权；监管者应具备有效的手段解决管理方面的问题，其中包括撤换控股方、管理层或董事，限制其手中的权力，并可在他认为适当的情况下将这批人永远逐出银行业。

5.【答案】 ABC

【解析】在负债业务风险管理中，商业银行主要注重防范流动性风险、市场风险、利率风险，监管机构重点关注商业银行开展负债业务账户的合规性、融资手段的规范性、柜台和柜员管理中的操作风险等。

6.【答案】 ABCD

【解析】个人贷款主要分为四大类，即个人住房贷款、个人消费贷款、个人经营贷款和个人助学贷款。

7. 【答案】 ABC
【解析】商业银行应当遵循真实性、准确性、完整性和及时性原则，规范披露信息，不得存在虚假报告、误导和重大遗漏等。

8. 【答案】 ABDE
【解析】银行卡用户使用管理中的风险包括：（1）持卡人的资信能力变化风险；（2）持卡人恶意透支风险；（3）信用卡失窃的风险；（4）信用卡的伪造及涂改风险；（5）真实持卡人的欺诈风险；（6）信用卡透支违反规定用于生产经营、投资等领域；（7）刷卡交易过程中银行卡信息泄露的风险；（8）银行卡互联网交易过程中被欺诈、信息泄露、感染病毒造成损失的风险；（9）银行从业人员非法存储、窃取、泄露、买卖支付敏感信息。

9. 【答案】 ABD
【解析】资讯技术的进步使全球金融市场连成一体，加快了金融市场的一体化、国际化、网络化。

10. 【答案】 ABCD
【解析】银行业金融机构全面风险管理体系应当包括但不限于下列要素：（1）风险治理架构；（2）风险管理策略、风险偏好和风险限额；（3）风险管理政策和程序；（4）管理信息系统和数据质量控制机制；（5）内部控制和审计体系。

11. 【答案】 AC
【解析】科学合理的合规管理绩效考核、严格及时的违规问责，有助于提升合规风险管理的独立性和有效性。

12. 【答案】 ACDE
【解析】核心一级资本包括：实收资本或普通股；资本公积；一般风险准备；未分配利润少数股东资本可计入部分。

13. 【答案】 ABCD
【解析】贷款定价方法包括：成本加成法、基准利率加点法、客户盈利分析法。存款定价方法包括：行业价格法、基准利率法、逆向倒推法、综合评价法。

14. 【答案】 ABCDE
【解析】金融危机的爆发凸显了银行流动性风险管理存在的诸多缺陷，如：董事会和高管层对流动性风险管理的重视程度不够、资源投入不足；银行流动性风险偏好过高；未能有效评估一些快速发展的复杂金融产品或业务所带来的流动性风险；未能有效评估表外或有负债或非契约性义务中潜在的流动性需求；认为市场流动性紧缺不会持续很长时间，未充分考虑关键性融资渠道失效的可能；压力测试情景设置过于宽松，应急计划和压力测试不够有效，优质流动性资产储备不足等。

15. 【答案】 ACDE
【解析】商业银行的薪酬是指商业银行为获得员工提供的服务和贡献而给予的报酬及其相关支出，包括基本薪酬、绩效薪酬、中长期激励、福利性收入等项下的货币和非现金的各种权益性支出。

16. 【答案】 ABCDE
【解析】信托公司申请调整业务范围，增加以下业务资格，应当向银监分局或所在城市银监局提交申请：（1）企业年金基金管理业务资格；（2）特定目的受托机构资格；（3）受托境外理财业务资格；（4）股指期货交易的衍生品交易业务资格；（5）发行金融债券、次级债券；（6）开办其他新业务。选项 ABCDE 均正确。

17. 【答案】　ABCDE

【解析】处置回避原则是指资产公司不得向下列人员转让不良资产：国家公务员、金融监管机构工作人员、政法干警、资产公司工作人员、国有企业债务人管理层以及参与资产处置工作的律师、会计师、评估师等中介机构人员等关联人。选项 ABCDE 均正确。

18. 【答案】　ABCDE

【解析】G20 金融消费者保护十项基本原则：原则一：法律、管理和监督框架；原则二：监管主体的角色；原则三：公平、公正对待消费者；原则四：信息披露和透明度；原则五：金融教育和金融知识普及；原则六：金融服务机构及其授权代理机构的责任意识；原则七：防止欺骗和误导消费者；原则八：保护消费者信息和隐私；原则九：投诉处理和赔偿；原则十：竞争。选项 ABCDE 都属于 G20 金融消费者保护基本原则。

19. 【答案】　ABCDE

【解析】银行业消费者主要权利有：安全权、隐私权、知情权、选择权、公平交易权、损害赔偿权、受教育权、受尊重权、监督权。

20. 【答案】　ABE

【解析】大部分国家和地区的监管机构对金融机构内部的投诉处理机制提出了较为严格的要求，在消费者投诉处理中占据重要地位。部分国家和地区为节约有限的监管资源，由政府或监管部门发起成立了金融督察服务机构作为高效、便捷、成本较低的庭外纠纷解决机构，金融督察服务机构不代表政府或金融机构任何一方的利益，中立、独立地解决金融纠纷。如果消费者接受金融督察服务机构的解决结果，则金融机构必须接受，如果消费者对解决结果不满意，还可通过司法途径申诉。选项 ABE 正确。

三、判断题

1. 【答案】　A

【解析】从消费需求看，过去我国消费具有明显的模仿型排浪式特征，现在个性化、多样化消费渐成主流。

2. 【答案】　A

【解析】公平、竞争、有序是发挥市场作用的前提。

3. 【答案】　B

【解析】商业银行解散、被撤销和破产的，应当依法成立清算组，进行清算。

4. 【答案】　B

【解析】信托公司申请投资设立、参股、收购境外机构由所在地银监局受理、审查并决定。银监局自受理之日起 6 个月内作出批准或不批准的书面决定，并抄报中国银监会。

5. 【答案】　A

【解析】行政处罚执行结束后，行政处罚委员会办公室应当制作结案报告，将有关行政处罚案卷材料立卷存档。

6. 【答案】 A

【解析】单位协定存款对超过基本存款额度的存款按人民银行规定的协定存款利率计付利息、对基本存款额度按活期存款利率付息的存款类型。

7. 【答案】 B

【解析】国际保理是债权人和债务人中至少一方在境外（包括保税区、自贸区、境内关外等）的保理业务。

8. 【答案】 B

【解析】收单业务中，银行卡受理终端的使用范围、装机地址、装机编号与已签订的协议不一致。

9. 【答案】 B

【解析】商业银行应当建立内部控制问题整改机制，明确整改责任部门，规范整改工作流程，确保整改措施落实到位。

10. 【答案】 A

【解析】商业性贷款理论认为，商业银行的资金来源主要是流动性较强的活期存款，因此商业银行只应发放与商品周转相联系或生产物资储备相适应的自偿还性贷款。

11. 【答案】 A

【解析】目前，巴塞尔委员会已经发布了修订后的净稳定资金比例标准及净稳定资金比例披露标准，银监会将结合我国实际，适时引入相关要求。

12. 【答案】 A

【解析】提升信息科技治理有效性，完善科技治理，落实生产保障，加强产品研发，进行有效风险控制，这是信息科技工作的整体考虑，包括管理、生产、开发、风控四个方面，需要统筹兼顾，不可偏废。

13. 【答案】 B

【解析】在非金融类不良资产业务中，债权人将不良资产转让给资产公司，只变更了债权人，并未增加债务人的负担。

14. 【答案】 A

【解析】为满足不同投资者的风险偏好，信托公司是可以研发不同风险度的信托产品，向合格的投资者销售。

15. 【答案】 B

【解析】自有固定资产比例为自有固定资产与资本总额之比。自有固定资产是指固定资产折旧后的净值，即固定资产原价减去累计折旧。资本总额为核心资本与附属资本可计算价值之和减去贷款损失准备尚未提足部分。财务公司自有固定资产比例不得高于20%。

16. 【答案】 A

【解析】银行业金融机构应当遵重银行业消费者的知情权和自主选择权，不得在营销产品和服务过程中以任何方式隐瞒风险、夸大收益或者进行强制性交易。

17. 【答案】 A

【解析】银行业金融机构应公平公正的制定格式合同和协议文本，不得出现误导、欺诈等侵害银行业消费者合法权益的条款。

18. 【答案】　A

【解析】应建立适当的监控和保护机制，尽力保护消费者的存款及其他金融资产，防止欺骗、挪用客户资金等侵害消费者利益的行为发生，是G20金融消费者保护十项基本原则中，原则七防止欺骗和误导消费者的具体阐述。故正确。

19. 【答案】　A

【解析】普惠金融是指立足机会平等要求和商业可持续原则，以可负担的成本为有金融服务需求的社会各阶层和群体提供适当、有效的金融。

20. 【答案】　A

【解析】现金流缺口包括正常情景下和压力情景下的现金流缺口。

全国银行业专业人员职业资格考试热题库

《银行管理（中级）》模拟试卷（二）

一、单项选择题（共80题，每小题0.5分，共40分。以下各小题所给出的四个选项中，只有一项符合题目要求，请选择相应选项，不选、错选均不得分。）

1. 我国经济政策体系中宏观经济政策的总体思路是（　　）。
   A. 攻击侧结构性改革　　　　　　B. 五大理念
   C. 五大政策支柱　　　　　　　　D. 稳中求进

2. 我国合理扩大财政支出规模，将财政赤字目标由2015的2.3%调升至（　　），将增加的赤字用于弥补减税降费带来的减收和保障重点支出需要。
   A. 3.0%　　　B. 4.5%　　　C. 5.0%　　　D. 6.0%

3. （　　）就是实施法人监管，注重对银行业金融机构总体风险的把握、防范和化解。
   A. 管法人　　　B. 管风险　　　C. 管内控　　　D. 提高透明度

4. 下列选项中，主要用于反映新发放贷款的资产质量情况的指标是（　　）。
   A. 新发放贷款不良率　　　　　　B. 当年新形成不良贷款率
   C. 不良贷款处置回收率　　　　　D. 贷款损失准备充足率

5. 下列选项中，不属于欧盟金融监管体系现状的是（　　）。
   A. 成立欧洲金融监管当局，加强微观审慎监管
   B. 设立系统性风险委员会，加强宏观审慎监管
   C. 构建欧洲银行业单一监管机制，赋予欧洲央行银行业最高监管人角色
   D. 审慎监管局

6. 下列选项中，关于衍生品交易业务说法错误的是（　　）。
   A. 衍生产品是一种金融合约，其价值取决于一种或多种基础资产或指数
   B. 银行业金融机构开办衍生产品交易业务的资格分为基础类资格和普通类资格两类
   C. 衍生产品的基本种类包括远期、期货、掉期（互换）和期权
   D. 基础类资格可以从事非套期保值类衍生产品交易

7. （　　）是衡量一家金融机构经营状况的最重要的依据。
   A. 资产质量　　　B. 盈利能力　　　C. 流动性　　　D. 资本充足性

8. 机构监管部门、（　　）应当在各自职责领域内开展相应的系统性、区域性风险监测识别与风险防范控制工作。
   A. 功能监管部门　　B. 设备监管部门　　C. 组织监管部门　　D. 后台监管部门

9. 下列选项中，不属于对银行业金融机构措施的内容的是（　　）。
   A. 限制资产转让

B. 责令暂停部分业务、停止批准开办新业务、停止增设分支机构申请的审查批准
C. 限制分配红利和其他收入
D. 限制部分股东的权利

10. 银监会及其派出机构决定组织听证的,应自收到听证申请之日起（　　）日内举行听证,并在举行听证 7 日前,书面通知当事人举行听证的时间、地点、方式。当事人对违法、违规事实有争议的,应当在提起听证申请时提交相关证据材料。
   A. 10　　　　　B. 15　　　　　C. 20　　　　　D. 30

11. 行政诉讼的一审程序不包括（　　）。
   A. 审理前的准备　　B. 合议庭评议　　C. 开庭审理　　D. 复议

12. 下列选项中,属于商业银行资金来源的业务是（　　）。
   A. 同业拆借　　B. 现金资产　　C. 债券投资　　D. 贷款

13. 从商业银行的经营情况看,对公存款业务的风险点不包括（　　）。
   A. 利率风险及网络系统风险等新型风险
   B. 内部审计部门对对公存款业务审计的范围、频率、力度有缺陷
   C. 业务不合规
   D. 人员配备不足

14. 下列选项中,无法体现内部控制薄弱的是（　　）。
   A. 业务内控制度不健全　　　　B. 业务内控制度不合规
   C. 内控制度执行不力　　　　　D. 业务内控制度不清晰

15. （　　）是指由借款人或第三方依法提供担保而发放的贷款。
   A. 表内贷款　　B. 担保贷款　　C. 信用贷款　　D. 表外业务

16. 下列选项中,不属于银团贷款主要风险点的是（　　）。
   A. 牵头行风险　　B. 政策风险　　C. 代理行风险　　D. 参加行风险

17. 因不完善的内部资金管理程序、有问题的人员或外部事件所造成损失的风险指的是（　　）。
   A. 流动性风险　　B. 市场风险　　C. 操作性风险　　D. 信用风险

18. 由出票人签发的,由银行承兑的,委托付款人在指定日期无条件支付确定的金额给收款人或持票人的票据是（　　）。
   A. 银行本票　　B. 商业汇票　　C. 支票　　D. 银行承兑汇票

19. 下列选项中,关于《商业银行信用卡业务监督管理办法》的说法,错误的是（　　）。
   A. 明确要求商业银行建立健全信用卡业务风险管理
   B. 严格实行授信管理
   C. 有效识别、评估、监测和控制业务风险
   D. 明确要求商业银行建立健全信用卡业务内部控制体系

20. 备用信用证受（　　）影响遭受损失的风险。
   A. 利率波动　　B. 通货膨胀　　C. 汇率波动　　D. 利率及汇率波动

21. 下列选项中,关于贷款承诺业务监管要求的说法,错误的是（　　）。

A. 对于项目贷款承诺，还要监督检查商业银行是否已审查建设项目的经济性及偿还能力
  B. 检查商业银行是否制定规章制度以明确出具贷款承诺的审批权限或审批程序
  C. 检查商业银行对贷款承诺业务规定收取费用的，是否及时足额收取相关费用，核算是否正确
  D. 检查商业银行对申请人的资信情况是否进行调查，审查申请人的内部管理是否规范，经营情况，信用评价满足该银行授信要求

22. 因理财产品投资标的违约而产生的（　　）势必会由银行承担，这也是当前银行理财业务面临的主要风险之一。
   A. 信用风险　　　B. 市场风险　　　C. 法律风险　　　D. 操作风险

23. 同业业务的监管要求不包括（　　）。
   A. 检查商业银行是否由法人总部建立或指定专营部门负责经营
   B. 检查商业银行是否建立了健全的同业业务风险管理和内部控制体系，确保同业业务风险得到有效控制
   C. 检查商业银行办理同业业务是否合理审慎确定融资额度
   D. 检查商业银行是否建立健全同业业务授权管理体系，由法人总部对同业业务专营部门进行集中统一授权

24. 金融衍生品是一种金融合约，其价值取决于一种或多种基础资产或指数，以下（　　）不属于合约的基本种类。
   A. 远期　　　B. 期货　　　C. 期权　　　D. 即期

25. （　　）的一个主要特征是社会生产方式和生活方式将逐步转向网络化、数字化模式。
   A. 数字时代　　B. 网络时代　　C. 信息时代　　D. 媒体时代

26. （　　）是传统金融机构与互联网企业利用互联网技术和信息通信技术实现资金融通、支付、投资和信息中介服务的新型金融业务模式。
   A. 信息金融　　B. 互联网金融　　C. 数字金融　　D. 创新金融

27. 商业银行（　　）负责制定金融创新发发展战略及与之相适应的风险管理政策，并监督战略与政策的执行情况。
   A. 股东大会　　B. 董事会　　C. 风险管理部门　　D. 监事会

28. 在商业银行公司治理中，负责具体执行董事会决策的是（　　）。
   A. 股东大会　　B. 监事会　　C. 高级管理层　　D. 董事

29. 银行对内部合规风险的存在或发生的可能性以及合规风险产生的原因等进行分析判断，并通过收集和整理银行所有的合规风险点开成合规风险列表，这体现合规风险的（　　）。
   A. 分析　　　B. 识别　　　C. 测试　　　D. 评估

30. （　　）被认为是现代内部审计的开始。
   A. 1940 年　　B. 1941 年　　C. 1944 年　　D. 1945 年

31. 银行业金融机构高级管理层承担全面风险管理的（　　）。

A. 监督责任　　B. 直接责任　　C. 实施责任　　D. 最终责任

32. 全面风险管理要确保政策和程序的（　　）。
    A. 有效性　　B. 一致性　　C. 独立性　　D. 成本可控

33. （　　）是指由于利率、汇率、股票价格和商品价格的不利变动所带来的风险。
    A. 流动性风险　　B. 市场风险　　C. 经济风险　　D. 战略风险

34. 下列选项中，关于董事会应履行的合规管理职责，说法错误的是（　　）。
    A. 审议批准高级管理层提交的合规风险管理报告
    B. 有效管理商业银行的合规风险
    C. 审议批准商业银行的合规政策，并监督合规政策的实施
    D. 授权董事会下设的风险管理委员会对商业银行合规风险管理进行日常监督

35. 风险调整后的（　　）是经风险调整后的净收益与经济资本的比率，已经成为国际上主流商业银行的风险绩效评价指标。
    A. 净收益率　　B. 净利润　　C. 资本回报　　D. 风险溢价

36. 在第三版巴塞尔协议中，新引用的用来反映商业银行中长期流动性水平的指标是（　　）。
    A. 核心负债比例　　　　　　B. 净稳定融资比率
    C. 流动性覆盖比率　　　　　D. 流动性缺口率

37. 商业银行核心一级资本充足率不得低于（　　）。
    A. 8%　　B. 7%　　C. 6%　　D. 5%

38. 资产负债管理是风险限额下的一种（　　）管理，通过对资产负债组合进行全面协调，在风险限额范围内追求经营利润的最大化和企业价值的最大化，寻求风险与收益这一"联立方程"的最优解。
    A. 联动式　　B. 前瞻性　　C. 协调式　　D. 战略性

39. 资产负债监测表一般不包括（　　）。
    A. 信用风险管理情况　　　　B. 利率管理情况
    C. 流动性管理情况　　　　　D. 本外币存贷款数据

40. 下列选项中，不属于商业银行常用的存款定价方法的是（　　）。
    A. 行业价格法　　B. 逆向倒推法　　C. 综合评价法　　D. 内部评级法

41. 银监会或其派出机构在监管中发现商业银行利率风险管理中存在问题的，（　　）。
    A. 可以对商业银行进行罚款等处罚
    B. 可以要求商业银行增加提交利率风险报表、报告的频率
    C. 应当要求商业银行限期提交整改方案并采取整改措施
    D. 应当与商业银行高级管理层、董事会召开审慎性会谈

42. 国际金融危机的爆发证明了（　　）管理是银行体系稳健运行的重要保障。
    A. 操作风险　　B. 市场风险　　C. 信用风险　　D. 流动性风险

43. 《巴塞尔协议Ⅲ：流动性风险计量标准和监测的国际框架》规定流动性覆盖率（LCR）的最低标准是（　　）。
    A. 不得低于50%　　B. 不得低于80%　　C. 不得低于100%　　D. 不得低于150%

44. 流动性覆盖率是指合格优质流动性资产占未来（　　）天现金净流出量的比例。
    A. 30   B. 90   C. 120   D. 180

45. 下列选项中，不属于商业银行绩效考评应当坚持的原则的是（　　）。
    A. 战略导向   B. 合规引领   C. 稳健经营   D. 分级管理

46. 商业银行薪酬结构的构成不包括（　　）。
    A. 可变薪酬   B. 津贴和补贴   C. 固定薪酬   D. 福利性收入

47. 衡量商业银行所有者投入资本所形成权益的活力水平的指标是（　　）。
    A. 成本收入比率   B. 资本利润率
    C. 资产利润率   D. 风险资产利润率

48. 国际上出现的信息科技事故表明，如果银行系统中断（　　）以上不能恢复，将直接危及其他银行乃至整个金融系统的稳定。
    A. 1 天   B. 2～3 天   C. 1 周   D. 1～2 周

49. 下列关于商业银行的薪酬管理体制，说法错误的是（　　）。
    A. 董事会负责全行薪酬制度和政策的审议
    B. 经营管理层作为薪酬制度执行机构
    C. 监事会负责对薪酬制度执行情况进行监督
    D. 绩效考核委员会负责指导全行人力资源管理的组织实施

50. 金融类不良资产主要操作模式环节中，（　　）环节的核心是估值定价。
    A. 管理   B. 重组   C. 收购   D. 处置

51. 随着资产公司集团化、综合化经营和发展，集团层面的风险日渐突出，有必要建立起与之相适应的全面（　　）体系，并接受监管当局的审慎监管，以引导其朝更加规范、科学的方向发展。
    A. 风险管理和内部控制   B. 风险控制和内部管理
    C. 风险管理和监督控制   D. 风险控制和监督管理

52. 包括两个或两个以上委托人的信托是（　　）。
    A. 单一信托   B. 集合信托   C. 主动管理信托   D. 被动管理信托

53. 证券投资信托、私募股权信托指的是（　　）。
    A. 投资类信托   B. 事务管理类   C. 融资类信托   D. 被动管理信托

54. 境内非金融机构作为信托公司出资人，最近 1 个会计年度末净资产不低于资产总额的（　　）。
    A. 20%   B. 30%   C. 35%   D. 50%

55. 财务公司自成立以来，为我国金融发展作出了重大贡献，其贡献不包括下列哪个选项（　　）。
    A. 催生了大型企业的财团意识   B. 防控企业集团资金风险
    C. 节省了企业集团的融资成本   D. 减少了系统风险

56. 财务公司应建立（　　），培育"诚信、业绩、创新"的经营理念和健康的内部控制文化，提高全体员工的职业操守和诚信意识，从而创造全体员工都充分了解且能履行其职责的环境。

A. 涵盖各项业务的全系统的风险管理系统
B. 科学、有效的绩效评价机制
C. 内部控制的后评价制度
D. 全面、系统、成文的各项业务的政策、制度和程序

57. 下列选项中，不属于申请设立财务公司的企业集团应当具备的条件的是（　　）。
    A. 财务状况良好，最近2个会计年度按规定并表核算的成员单位营业收入总额每年不低于40亿元人民币，税前利润总额每年不低于2亿元人民币
    B. 最近1个会计年度末期，按规定并表核算的成员单位的资产总额不低于50亿元人民币，净资产不低于资产总额的30%
    C. 现金流量稳定并具有较大规模
    D. 母公司最近1个会计年度末的实收资本不低于10亿元人民币

58. 中国的金融租赁公司起始于（　　）年。
    A. 1986　　　　　B. 1987　　　　　C. 1980　　　　　D. 1981

59. 交易对手方将该租赁物及其权利转让给金融租赁公司，形成的租赁关系是：金融租赁公司为出租人，交易对手方为承租人，租赁物所有权归属（　　）。
    A. 法律规定的其他方　　　　　B. 金融租赁公司
    C. 第三担保方　　　　　　　　D. 交易对手方

60. 汽车金融公司始于（　　）年的美国通用汽车票据承兑公司。
    A. 1919　　　　　B. 1918　　　　　C. 1917　　　　　D. 1916

61. 下列选项中，关于与汽车消费相关的贷款，说法错误的是（　　）。
    A. 汽车金融公司发放自用车贷款的金额不得超过借款人所购汽车价格的80%
    B. 发放二手车贷款的金额不得超过借款人所购汽车价格的50%
    C. 发放商用车贷款的金额不得超过借款人所购汽车价格的70%
    D. 发放二手车贷款的贷款期限一般为1~5年，最长不得超过6年

62. 消费金融公司可以开展固定收益类证券投资业务，投资余额不高于资本净额的（　　）。
    A. 50%　　　　　B. 40%　　　　　C. 30%　　　　　D. 20%

63. 金融服务机构及其授权代理机构应向金融消费者提供客观建议，并根据消费者的（　　）等因素，来考虑产品复杂程度、产品风险与客户的匹配程度。
    A. 财务目标、知识水平、承受能力和风险偏好
    B. 财务目标、知识水平、承受能力和投资经验
    C. 财务目标、家庭状况、承受能力和投资经验
    D. 财务能力、知识水平、承受能力和投资经验

64. 银行对消费者的主要义务中银行必须以明确的格式、内容、语言，对其提供的产品或服务向消费者进行充分的信息披露和风险揭示属于（　　）义务。
    A. 妥善处理客户交易请求　　　B. 交易信息公开
    C. 交易有凭有据　　　　　　　D. 遵守相关法律

65. 银行从业人员行应（　　），不得利用内幕信息谋取个人利益，不得将内幕信息以

明示或暗示的形式告知他人。
A. 遵循公平竞争原则　　　　B. 自觉抵制内幕交易
C. 规范操作　　　　　　　　D. 遵守相关法律法规

66. （　　）是指银行业金融机构为支持用能单位提高能源利用效率，降低能源消耗而提供的信贷融资。
A. 金融信贷　　B. 高能信贷　　C. 能效信贷　　D. 绿色信贷

67. 银行业金融机构的企业社会责任至少应包括（　　）。
A. 经济责任、社会责任、环境责任
B. 经济责任、社会责任、文化建设责任
C. 文化建设责任、社会责任、环境责任
D. 经济责任、文化建设责任、环境责任

68. 商业银行是否根据理财业务性质和风险特征，建立健全理财业务管理制度，不包括的内容是（　　）。
A. 市场准入管理　　B. 产品准入管理　　C. 人员管理　　D. 销售管理

69. 衍生品交易业务主要风险点不包括（　　）。
A. 市场风险　　B. 信用风险　　C. 法律风险　　D. 操作风险

70. 目前，商业银行的经营发展越来越倾向于（　　）经营。
A. 多元化　　B. 专业化　　C. 综合化　　D. 一体化

71. 按照是否保证产品本金兑付，商业银行理财产品可以分为（　　）。
A. 封闭式理财产品和开放式理财产品
B. 保本型理财产品和非保本型理财产品
C. 结构性理财产品和非结构性理财产品
D. 净值型理财产品、预期收益型理财产品和其他收益表现方式理财产品

72. 根据综合化经营的股权架构不同，综合化经营的模式不包括（　　）。
A. 金融控股公司模式　　　　B. 国有控股公司模式
C. 全能银行模式　　　　　　D. 银行母公司模式

73. （　　）是指商业银行内部控制应当坚持风险为本、审慎经营的理念，设立机构或开办业务均应坚持内控优先。
A. 制衡性原则　　B. 审慎性原则　　C. 全覆盖原则　　D. 相匹配原则

74. 银行内部控制应当渗透到商业银行的各项业务过程和各个操作环节，覆盖所有的部门和岗位，并由全体人员参与，任何决策或操作均应当有案可查，这体现了（　　）。
A. 全覆盖原则　　B. 制衡性原则　　C. 审慎性原则　　D. 相匹配原则

75. （　　）是指商业银行无法通过资产负债表和相关业务调整进行自我对冲的风险，通过衍生产品市场进行对冲。
A. 市场对冲　　B. 利率对冲　　C. 汇率对冲　　D. 自我对冲

76. （　　）是最大、最明显的信用风险来源。
A. 客户流失　　B. 对方违约　　C. 系统错误　　D. 贷款

77. （　　）要求商业银行应当明确合规风险报告路线以及合规风险报告的要素、格式和频率等。

　　A. 中央人民银行　　B. 财政部　　C. 银行业协会　　D. 中国银监会

78. （　　）是指合规管理部门等依照银行内部合规风险管理程序，并按规定的报告路线，及时、全面、完整地向管理层提供定性和定量描述的银行经营过程中所涉及的合规风险状况的报告。

　　A. 合规风险评估　　B. 合规风险测试　　C. 合规风险识别　　D. 合规风险报告

79. 下列关于商业银行资本的表述，正确的是（　　）。

　　A. 会计资本是在一定的置信度水平下，为了应对未来一定期限内资产的非预期损失而应该持有或需要的资本金
　　B. 经济资本即所有者权益，是指商业银行持股人的永久性资本投入
　　C. 账面资本包括实收资本、资本公积、盈余公积、未分配利润等
　　D. 经济资本是银行按照监管要求应当持有的最低资本量或最低资本要求

80. 1994 年，人民银行发布了《关于商业银行实行资产负债比例管理的通知》，提出了包括资本充足率在内的一系列资产负债比例的管理指标，并参考（　　）规定了资本充足率的计算方法和最低要求。

　　A. 《巴塞尔协议Ⅰ》　　　　　　B. 《巴塞尔协议Ⅱ》
　　C. 《巴塞尔协议Ⅲ》　　　　　　D. 《巴塞尔协议Ⅳ》

二、多项选择题（共 20 题，每小题 1.5 分，共 30 分。以下各小题所给出的五个选项中，只有两项或两项以上符合题目要求，请选择相应选项，不选、错选均不得分。）

1. 我国经济政策体系中的理念包括（　　）。

　　A. 创新是引领发展的第一动力
　　B. 协调是持续健康发展的内在要求
　　C. 绿色是永续发展的必要条件和人民对美好生活追求的重要体现
　　D. 开放是国家繁荣发展的必经之路
　　E. 共享是中国特色社会主义的本质要求

2. 下列选项中，属于盈利性监测指标的是（　　）。

　　A. 一类案件风险率　　　　　　B. 二类案件风险率
　　C. 资本利润率　　　　　　　　D. 资产利润率
　　E. 成本收入比

3. 现场检查的一般方法不包括（　　）。

　　A. 问询法　　　　　　　　　　B. 审阅法
　　C. 核对法　　　　　　　　　　D. 判断法
　　E. 分析法

4. 公正原则包括实体公正和程序公正两个方面的要求。实体公正的要求包括（　　）。

　　A. 合理考虑相关因素，不专断

B. 平等对待相对人，不歧视

C. 依法进行行政处罚，不偏私

D. 处理涉及与自己有利害关系的事物或裁决与自己有利害关系的争议时，应实行回避制度

E. 不在事先未通知和听取相对人申辩意见的情况下作出对行政相对人不利的行政处罚行为

5. 单位通知存款按照提前通知的时间长短可以分为（　　）。

A. 1 天通知　　　　　　　　　B. 7 天通知

C. 15 日通知　　　　　　　　D. 1 个月通知

E. 2 个月通知

6. 商业银行贷款业务根据有无担保可以分为（　　）。

A. 担保贷款　　　　　　　　　B. 公司贷款

C. 流动资金贷款　　　　　　　D. 个人贷款

E. 信用贷款

7. 商业银行开办的贷款承诺业务可以分为（　　）。

A. 开立信贷证明　　　　　　　B. 项目贷款承诺

C. 上市辅导咨询　　　　　　　D. 票据发行便利

E. 客户授信额度

8. 互联网信托的资金出借人可以选择资金出借方式的周期包括（　　）。

A. 9 个月　　　　　　　　　　B. 6 个月

C. 12 个月　　　　　　　　　D. 15 个月

E. 24 个月

9. 商业银行内部控制的四个控制目标中，内部控制的基础目标是（　　）。

A. 风险管理有效　　　　　　　B. 商业银行经营管理合法合规

C. 内部控制制度的完善　　　　D. 商业银行发展战略和经营目标的实现

E. 财务会计等相关信息真实准确完整

10. 全面风险管理的方法，包括各类风险的（　　），风险加总的方法和程序。

A. 识别　　　　　　　　　　　B. 评估

C. 计量　　　　　　　　　　　D. 对冲

E. 报告

11. （　　）是从覆盖风险与吸收损失的角度提出的资本概念。

A. 账面资本　　　　　　　　　B. 监管资本

C. 社会资本　　　　　　　　　D. 经济资本

E. 会计资本

12. 下列选项中，属于西方商业银行资产管理阶段最具代表性的理论是（　　）。

A. 商业性贷款理论　　　　　　B. 资产可转换理论

C. 预期收入理论　　　　　　　D. 负债管理理论

E. 现金管理理论

13. 根据《商业银行监管评级内部指引》商业银行在信息科技内外部审计方面，应重视（　　）。
    A. 近两年内（外）审工作中信息科技专项审计占比
    B. 近三年信息科技内（外）审整改率
    C. 近两年信息科技审计覆盖率
    D. 近三年内（外）审工作中信息科技专项审计占比
    E. 近三年信息科技审计覆盖率

14. 商业银行应根据其（　　）等因素确定流动性风险偏好，并在此基础上制定书面的流动性风险管理策略、政策和程序。
    A. 财务实力　　　　　　　　B. 业务特点
    C. 经营战略　　　　　　　　D. 融资能力
    E. 总体风险偏好及市场影响力

15. 商业银行的支出主要包括（　　）。
    A. 利息支出　　　　　　　　B. 非利息支出
    C. 业务及管理费　　　　　　D. 资产减值损失
    E. 公允价值变动损益

16. 信托公司设立信托计划，应符合以下要求（　　）。
    A. 参与信托计划的委托人为唯一受益人
    B. 委托人为合格投资者
    C. 信托期限不少于3年
    D. 单个信托计划的自然人人数不得超过50人
    E. 信托受益权分为等额份额的信托单位

17. 上汽财务是我国售价申请开办资产证券化业务的企业集团财务公司，开展信贷资产证券化业务的好处有（　　）。
    A. 强化金融服务功能　　　　B. 提高经营管理水平
    C. 优化资产期限结构　　　　D. 降低融资成本
    E. 拓宽中长期融资渠道

18. 2008年国际金融危机以来，加强金融消费者保护成为全球热点话题，二十国集团（G20）、经济合作与发展组织（OECD）、世界银行等国际组织以及（　　）等国家和地区相继通过改革监管体制和修订法律，不断修复金融监管体系的制度性缺陷，以进一步提高监管的刚性约束。
    A. 英国　　　　　　　　　　B. 美国
    C. 加拿大　　　　　　　　　D. 日本
    E. 韩国

19. 消费者在使用自助设备时应该（　　）。
    A. 不在交易过程中离开自助设备，避免被他人转移注意力
    B. 留意门禁及自助设备主要部位有无异常
    C. 尽量避免夜间进入自助银行，避免到位置偏僻的自助银行办理业务

D. 交易完成后，及时退出系统并取回银行卡，检查取回的银行卡是否为本人的卡片

E. 办理业务时，如有陌生人搭话或干扰，首先要取回卡、现金和交易凭条，不给不法分子留有可乘之机

20. 普惠金融中，健全多元化广覆盖的机构体系包括（　　）。

A. 充分调动、发挥传统金融机构和新型业态主体的积极性、能动性，引导各类型机构和组织结合自身特点，找准市场定位，完善机制建设，发挥各自优势，为所有市场主体和广大人民群众提供多层次，全面覆盖的金融服务

B. 推动省联社加快职能转换，提高农村商业银行、农村合作银行、农村信用社服务小微企业和"三农"的能力

C. 鼓励大型银行加快建设小微企业专营机构

D. 激励开发性政策性银行以批发资金转贷形式与其他银行业金融机构合作，降低小微企业贷款成本

E. 鼓励金融机构运用大数据、云计算等新兴信息技术，打造互联网金融服务平台，为客户提供信息，资金、产品等全方位金融服务

三、判断题（共20题，每小题1.5分，共30分。请判断以下各小题的对错，正确的用"A"表示，错误的用"B"表示。）

1. 五大政策支柱整体融合、有机结合、相互配合，旨在为推进供给侧结构性改革营造更好的环境和条件。

2. 金融政策委员会由英格兰银行财务总监任主席。

3. 顺查法是指将两种或两种以上的书面资料相互对照，来验证其内容是否一致，计算是否准确的方法。

4. 银行账户是银行为交易目的或规避交易账户其他项目的风险而持有的可以自由交易的金融工具和商品头寸。

5. 行政诉讼的管辖是指人民法院之间受理第一审行政案件的职权分工。

6. 金融债券是指依法在我国境内设立的金融机构法人在境内外债券市场发行的、按约定还本付息的有价证券。

7. 证券投资的基本目标是投资收益最大化。

8. 检查商业银行是否采取了恰当的风险补偿措施，有无执行保证金制度和落实反担保措施属于备用信用证的监管要求。

9. 商业银行所承担的市场风险水平于其市场风险管理能力和市场利率相匹配。

10. 账面资本、监管资本和经济资本三者之间既有区别、又有联系。

11. 银行绩效考评即银行经营业绩的考核与评价。

12. 信息科技已成为银行业的重要基础设施，单体机构风险常常可能演变为行业共性风险，对银行业的稳健运行产生区域性、系统性影响。

13. 非金融类不良资产是指非金融机构所有，但不能为其带来经济利益，或带来的经济利益低于账面价值，已经发生价值贬损的资产，以及各类金融机构作为中间人委托管理其他

法人或自然人财产形成的不良资产等其他经监管部门认为的不良资产。

14. 信托公司应当建立交叉产品风险管理机制，在合同中落实参与方的风险管理责任，建立针对"具有交叉传染性"特征信托产品的风险识别、计量、监测、预警和管理体系。

15. 金融租赁以抵押物为核心，特别围绕具有先进技术水平、符合产业发展导向的高端制造业设备投放。

16. 同业拆借是指汽车金融公司与经中国人民银行批准进入全国银行间同业拆借市场的金融机构之间，通过全国统一的同业拆借市场进行的无担保资金融通行为。

17. 在特殊情况下，银行可以预先在个人贷款消费者的本金中扣除利息。

18. 银行业消费者是金融市场的重要参与者。

19. 目前，银行业经营发展中存在的很多问题，都可以在绩效考评上找到源头。

20. 企业社会责任是指银行业金融机构对其股东、员工、消费者、商业伙伴、政府和社区等利益相关者以及为促进社会与环境可持续发展所应承担的经济、法律、道德与慈善责任。

模拟试卷（二）参考答案及解析

一、单项选择题

1.【答案】 C

【解析】我国的经济政策体系包括：发展新理念－五大理念；发展的主线－攻击侧结构性改革；宏观经济政策的总体思路－五大政策支柱；宏观经济工作的总基调－稳中求进。

2.【答案】 A

【解析】我国合理扩大财政支出规模，将财政赤字目标由2015的2.3%调升至3.0%，将增加的赤字用于弥补减税降费带来的减收和保障重点支出需要。

3.【答案】 A

【解析】所谓"管法人"就是实施法人监管，注重对银行业金融机构总体风险的把握、防范和化解。

4.【答案】 A

【解析】主要用于反映新发放贷款的资产质量情况的指标是新发放贷款不良率。

5.【答案】 D

【解析】欧盟金融监管体系现状：（1）设立系统性风险委员会，加强宏观审慎监管；（2）成立欧洲金融监管当局，加强微观审慎监管；（3）构建欧洲银行业单一监管机制，赋予欧洲央行银行业最高监管人角色。D选项属于英国金融监管体系现状。

6.【答案】 D

【解析】衍生产品是一种金融合约，其价值取决于一种或多种基础资产或指数，合约的基本种类包括远期、期货、掉期（互换）和期权。衍生产品还包括具有远期、期货、掉期（互换）和期权中一种或多种特征的混合金融工具。银行业金融机构开办衍生产品交易业务的资格分为基础类资格和普通类资格两类，其中基础类资格只能从事套期保值类衍生产品交易，普通类资格指除基础类资格可以从事的衍生产品交易之外，还可以从事非套期保值类衍生产品交易。

7.【答案】 A

【解析】资产质量是衡量一家金融机构经营状况的最重要的依据。

8.【答案】 A

【解析】机构监管部门、功能监管部门，应当在各自职责领域内开展相应的系统性、区域性风险监测识别与风险防范控制工作。

9.【答案】 D

【解析】对银行业金融机构的措施包括的内容是：（1）责令暂停部分业务、停止批准开办新业务、停止增设分支机构申请的审查批准；（2）限制资产转让；（3）限制分配红利和其他收入。对银行业金融机构股东的措施：对于银行业金融机构股东，监管部门可以责令控股方转让股权或者限制部分股东的权利。

10.【答案】 D

【解析】银监会及其派出机构决定组织听证的，应自收到听证申请之日起30日内举行听证，并在举行听证7日前，书面通知当事人举行听证的时间、地点、方式。当事人对违法、违规事实有争议的，应当在提起听证申请时提交相关证据材料。

11.【答案】 D

【解析】行政诉讼的一审程序是指一审法院对行政案件进行审理应适用的程序，包括审理前的准备、开庭审理、合议庭评议和判决等阶段。

12.【答案】 A

【解析】负债业务是商业银行形成资金来源的业务，是商业银行资产业务和中间业务的重要基础。同业拆借属于借款业务，是银行的负债业务。其余三项为资产业务。

13.【答案】 D

【解析】从商业银行的经营情况看，对公存款业务主要包括以下风险点：（1）业务不合规；（2）核算不真实；（3）内控不完善；（4）内部审计部门对对公存款业务审计的范围、频率、力度有缺陷；（5）利率风险及网络系统风险等新型风险。

14.【答案】 D

【解析】内部控制薄弱体现在下述几点：（1）业务内控制度不健全；（2）业务内控制度不合规；（3）内控制度执行不力。选项D不能体现内部控制薄弱。

15.【答案】 B

【解析】按照贷款方式不同，贷款可分为信用贷款和担保贷款，信用贷款是指以借款人信誉发放的贷款，其最大特点是不需要保证和抵押，仅凭借款人的信用就可以取得贷款；担保贷款是指由借款人或第三方依法提供担保而发放的贷款，包括保证贷款、抵押贷款、质押贷款。按照是否在商业银行资产负债表上反映，信贷业务可分为表内贷款和表外业务，也称表内授信和表外授信，或表内业务和表外业务。

16.【答案】 B

【解析】银团贷款是一种组织形式特殊的贷款，除具有一般贷款的主要风险之外，在办理时还应注意防范：（1）牵头行风险；（2）代理行风险；（3）参加行风险。

17.【答案】 C

【解析】商业银行主债券投资业务要面临4种关联性风险：（1）市场风险，即价格变动风险，主要指因债权价格发生不利变动产生交易损失的风险；（2）信用风险，由交易关联方信用状况不利变动发生违约损失的风险；（3）流动性风险，无法顺利扎平现金流量缺口的风险；（4）操作性风险，由于不完善的内部资金管理程序、有问题的人员或外部事件所造成损失的风险。

18．【答案】　D

【解析】银行承兑汇票是由出票人签发的，由银行承兑的，委托付款人在指定日期无条件支付确定的金额给收款人或者持票人的票据。

19．【答案】　B

【解析】为了规范银行信用卡业务，银监会专门下发了《商业银行信用卡业务监督管理办法》（2011年第2号），明确要求商业银行建立健全信用卡业务风险管理和内部控制体，严格实行授权管理，有效识别、评估、监测和控制业务风险。

20．【答案】　D

【解析】备用信用证的主要风险点包括：（1）开证申请人因受各种因素影响，导致不履行或无力履行到期付款义务或发生其他违反执行主债务合同条款的行为，债权人提供符合合同规定的赔偿文件，商业银行存在由担保人变成主债务人的风险。（2）备用信用证受利率及汇率波动影响遭受损失的风险。如商业银行为偿还备用信用证款项，在没有预先得到通知的情况下，以不利的利率或汇率筹措资金而造成损失。（3）如商业银行提供过多的备用信用证或保函，一旦发生意外情况大量对外偿付，存在可能无法满足客户随时提用资金要求的流动性风险。（4）由于商业银行执行内部管理制度不力、监察不力、管理失控和工作人员工作疏忽等操作失误，也会造成资金损失。

21．【答案】　B

【解析】贷款承诺业务的监管要求：（1）检查商业银行是否建立完整有效的贷款承诺业务管理规定和操作办法，是否存在明显的制度缺陷。（2）检查商业银行出具的不可撤销贷款承诺是否已纳入到该银行对相关客户的整体授信管理体系。（3）检查商业银行是否制定规章制度以明确出具贷款承诺的审批权限和审批程序。（4）检查商业银行是否出台规范的贷款承诺格式和内容，对不同的项目是否在贷款承诺中加入不同的限制性条件以尽量降低银行风险。（5）检查商业银行对申请人的资信情况是否进行调查，审查申请人的内部管理是否规范，经营情况，信用评价满足该银行授信要求。（6）如果是项目贷款承诺，则审查建设项目的依法合规性。（7）对于项目贷款承诺，还要监督检查商业银行是否已审查建设项目的经济性及偿还能力。（8）如果商业银行在项目招标活动中提供的融资类投标书属于不可撤销的贷款承诺，严格按照贷款审批的授信决策体系对不可撤销贷款承诺进行审批。（9）检查商业银行对贷款承诺业务规定收取费用的，是否及时足额收取相关费用，核算是否正确。（10）审查商业银行对客户提供的循环贷款额度、备用信用的业务规模，是否会严重影响到银行的资产流动性。

22．【答案】　A

【解析】因理财产品投资标的违约而产生的信用风险势必会由银行承担，这也是当前银行理财业务面临的主要风险之一。

23.【答案】 C

【解析】同业业务的监管要求：(1)检查商业银行是否建立了健全的同业业务风险管理和内部控制体系，确保同业业务风险得到有效控制。商业银行应由法人总部对同业业务进行统一管理，将同业业务纳入全面风险管理，建立健全前中后台分设的内部控制机制。(2)检查商业银行是否由法人总部建立或指定专营部门负责经营。(3)检查商业银行是否建立健全同业业务授权管理体系，由法人总部对同业业务专营部门进行集中统一授权。(4)检查商业银行是否建立健全同业业务授信管理政策，并将同业业务纳入全机构统一授信体系，不得办理无授信额度或超授信额度的同业业务。(5)检查商业银行开展买入返售（卖出回购）和同业投资业务，是否接受和提供任何直接或间接、显性或隐性的第三方金融机构信用担保（国家另有规定的除外）。(6)检查商业银行办理同业业务是否合理审慎确定融资期限。(7)检查商业银行办理同业业务是否采用正确的会计处理方法，确保各类同业业务及其交易环节能够及时、完整、真实、准确地在资产负债表内或表外记载和反映。

24.【答案】 D

【解析】金融衍生品是一种金融合约，其价值取决于一种或多种基础资产或指数，合约的基本种类包括远期、期货、掉期（互换）和期权。

25.【答案】 C

【解析】信息时代的一个主要特征是社会生产方式和生活方式将逐步转向网络化、数字化模式。

26.【答案】 B

【解析】互联网金融是传统金融机构与互联网企业利用互联网技术和信息通信技术实现资金融通、支付、投资和信息中介服务的新型金融业务模式。

27.【答案】 B

【解析】商业银行董事会负责制定金融创新发展战略及与之相适应的风险管理政策，并监督战略与政策的执行情况。

28.【答案】 C

【解析】高级管理层对董事会负责，负责具体执行董事会的决策。

29.【答案】 B

【解析】所谓"合规风险识别"是指银行对内部合规风险的存在或发生的可能性以及合规风险产生的原因等进行分析判断，并通过收集和整理银行所有的合规风险点开成合规风险列表。

30.【答案】 B

【解析】1941年被认为是现代内部审计的开始。

31.【答案】 C

【解析】银行业金融机构高级管理层承担全面风险管理的实施责任，执行董事会的决议，应当履行以下职责：(1)建立适应全面风险管理的经营管理架构，明确全面风险管理职能部门、业务部门以及其他部门在风险管理中的职责分工，建立部门之间有效制衡、相互协调的运行机制；(2)制定清晰的执行和问责机制，确保风险偏好、风险管理策略和风险限额得到充分传达和有效实施；(3)对董事会设定的风险限额进行细化并执行，包括但不限于行业、区域、客户、产品等维度；（4）制定风险管理政策和程序，定期评估，必要时调整；（5）评估全面风险和各类重要风险管理状况并向董事会报告；（6）建立完备的管理信息系统和数据质量控制机制；（7）对突破风险偏好、风险限额以及违反风险管理政策和程序的情况进行监督，根据董事会的授权进行处理；（8）风险管理的其他职责。

32. 【答案】　B

【解析】全面风险管理要确保政策和程序的一致性。

33. 【答案】　B

【解析】按照诱发风险的原因，可以分为信用风险、市场风险、操作风险、流动性风险、国家风险、法律风险、声誉风险、战略风险等。市场风险可以分为利率风险、汇率风险（包括黄金）、股票价格风险和商品价格风险，分别是指由于利率、汇率、股票价格和商品价格的不利变动所带来的风险。

34. 【答案】　B

【解析】董事会应履行以下合规管理职责：（1）审议批准商业银行的合规政策，并监督合规政策的实施；（2）审议批准高级管理层提交的合规风险管理报告，并对商业银行管理合规风险的有效性作出评价，以使合规缺陷得到及时有效的解决；（3）授权董事会下设的风险管理委员会、审计委员会或专门设立的合规管理委员会对商业银行合规风险管理进行日常监督；（4）商业银行章程规定的其他合规管理职责。高级管理层职责：高级管理层应有效管理商业银行的合规风险。

35. 【答案】　C

【解析】风险调整后的资本回报（RAROC）是经风险调整后的净收益与经济资本的比率，已经成为国际上主流商业银行的风险绩效评价指标。

36. 【答案】

【解析】《巴塞尔协议Ⅲ》提出了两个流动性量化监管指标：（1）流动性覆盖率（LCR），用于衡量在短期压力情景下（30日内）单个银行的流动性状况；（2）净稳定融资比率（NSFR），用于度量中长期内银行可供使用的稳定资金来源能否支持其资产业务的发展。

37. 【答案】　D

【解析】商业银行各级资本充足率不得低于如下最低要求：核心一级资本充足率不得低于5%，一级资本充足率不得低于6%，资本充足率不得低于8%。

38. 【答案】　C

【解析】资产负债管理最根本的内涵：首先，它是风险限额下的一种协调式管理，通过对资产负债组合进行全面协调，在风险限额范围内追求经营利润的最大化和企业价值的最大化，寻求风险与收益这一"联立方程"的最优解；其次，它是一种前瞻性的策略选择管理，银行经营方向和策略的选择需要通过科学测算每一种金融产品的风险和收益，通过必要的模型将风险量化为成本，从而战略性、前瞻性地引导各条业务线的收缩和扩张。

39. 【答案】　A

【解析】监测报表一般应包括本外币存贷款数据、资产负债计划完成情况、同业资产负债运行情况、信贷资产的收益和风险分类情况、资本管理情况、利率管理情况、流动性管理情况等。

40．【答案】 D

【解析】商业银行存款定价方法很多，常用的有行业价格法、基准利率法、逆向倒推法、综合评价法。

41．【答案】 C

【解析】银监会或其派出机构在监管中发现商业银行利率风险管理中存在问题，应当要求商业银行限期提交整改方案并采取整改措施。

42．【答案】 D

【解析】国际金融危机爆发凸显了流动性对于银行体系安全稳健的重要性，证明了流动性风险管理和监管的重要性。

43．【答案】 C

【解析】巴塞尔委员会于2010年12月发布了《巴塞尔协议Ⅲ：流动性风险计量标准和监测的国际框架》，提出了流动性覆盖率（LCR）和净稳定资金比例（NSFR）两项监管指标及其最低标准（不得低于100%）和一套监测工具。

44．【答案】 A

【解析】流动性覆盖率是指合格优质流动性资产占未来30天现金净流出量的比例。

45．【答案】 D

【解析】商业银行绩效考评应当坚持以下原则：（1）稳健经营；（2）合规引领；（3）战略导向；（4）综合平衡；（5）统一执行。

46．【答案】 B

【解析】商业银行薪酬由固定薪酬、可变薪酬、福利性收入等构成。

47．【答案】 B

【解析】资本利润率是指商业银行在一个会计年度内获得的税后利润与资本平均余额的比率，衡量商业银行所有者投入资本所形成权益的活力水平。

48．【答案】 B

【解析】国际上出现的信息科技事故表明，如果银行系统中断2至3天以上不能恢复，将直接危及其他银行乃至整个金融系统的稳定。

49．【答案】 A

【解析】董事会下设薪酬管理委员会，负责全行薪酬制度和政策的审议。监事会负责对薪酬制度执行情况进行监督。经营管理层作为薪酬制度执行机构，下设绩效考核委员会，负责指导全行人力资源管理的组织实施。

50．【答案】 C

【解析】金融类不良资产主要操作模式环节中，收购环节的核心是估值定价。

51．【答案】 A

【解析】随着资产公司集团化、综合化经营和发展，集团层面的风险日渐突出，有必要建立起与之相适应的全面风险管理和内部控制体系，并接受监管当局的审慎监管，以引导其朝更加规范、科学的方向发展。选项A正确。

52．【答案】 B

【解析】根据委托人人数的不同，可以分为单一信托和集合信托。只有一个委托人的信托为单一信托；有两个或两个以上委托人的信托为集合信托。

53. 【答案】 A

【解析】根据信托财产运用方式的不同，可以分为融资类信托、投资类信托和事务管理类信托。投资类信托业务是指以信托资产提供方的资产管理需求为驱动因素和业务起点，以实现信托财产保值增值为主要目的，信托公司作为受托人主要发挥投资管理人功能，对信托财产进行投资运用的信托业务，包括证券投资信托、私募股权投资信托等。

54. 【答案】 B

【解析】境内非金融机构作为信托公司出资人，最近1个会计年度末净资产不低于资产总额的30%。

55. 【答案】 D

【解析】财务公司自成立以来，为我国金融发展作出了重大贡献，突出体现在五个方面：（1）催生了大型企业的财团意识；（2）节省了企业集团的融资成本；（3）防控企业集团资金风险；（4）促进企业集团的产品销售；（5）丰富了金融机构体系。

56. 【答案】 B

【解析】财务公司应建立科学、有效的绩效评价机制，培育"诚信、业绩、创新"的经营理念和健康的内部控制文化，提高全体员工的职业操守和诚信意识，从而创造全体员工都充分了解且能履行其职责的环境。选项B正确。

57. 【答案】 D

【解析】申请设立财务公司的企业集团，应当具备的条件主要包括：（1）符合国家产业政策并拥有核心主业；（2）最近1个会计年度末期，按规定并表核算的成员单位的资产总额不低于50亿元人民币，净资产不低于资产总额的30%；（3）财务状况良好，最近2个会计年度按规定并表核算的成员单位营业收入总额每年不低于40亿元人民币，税前利润总额每年不低于2亿元人民币；（4）现金流量稳定并具有较大规模；（5）母公司成立2年以上，具备2年以上企业集团内部财务和资金集中管理经验；（6）母公司最近1个会计年度末的实收资本不低于8亿元人民币；（7）母公司具有良好的公司治理结构或有效的组织管理方式，无不当关联交易；（8）母公司有良好的社会声誉、诚信记录和纳税记录，最近2年内无重大违法违规经营记录；（9）母公司入股资金为自有资金，不得以委托资金、债务资金等非自有资金入股；（10）成员单位数量较多，需要通过财务公司提供资金集中管理和服务。选项D中实收资本应不低于8亿元人民币。

58. 【答案】 D

【解析】中国的金融租赁公司也起始于1981年，部分金融租赁公司的前身是内资融资租赁公司。

59. 【答案】 B

【解析】交易对手方将该租赁物及其权利转让给金融租赁公司，形成的租赁关系是：金融租赁公司为出租人，交易对手方为承租人，租赁物所有权归属金融租赁公司。选项B正确。

60. 【答案】 A

【解析】汽车金融公司始于1919年的美国通用汽车票据承兑公司。

61. 【答案】 D

【解析】汽车金融公司发放自用车贷款的金额不得超过借款人所购汽车价格的80%；发放商用车贷款的金额不得超过借款人所购汽车价格的70%；发放二手车贷款的金额不得超过借款人所购汽车价格的50%，贷款期限一般为1~3年，最长不超过5年。

62. 【答案】 D

【解析】消费金融公司可以开展固定收益类证券投资业务，投资余额不高于资本净额的20%。选项D正确。

63. 【答案】 B

【解析】G20金融消费者保护十项基本原则中，原则四中指出：金融服务机构及其授权代理机构应向金融消费者提供客观建议，并根据消费者的财务目标、知识水平、承受能力和投资经验等因素，来考虑产品复杂程度、产品风险与客户的匹配程度。选项B正确。

64. 【答案】 B

【解析】银行对消费者的主要义务包括：遵守相关法律、交易信息公开、妥善处理客户交易请求、交易有凭有据、保护消费者信息、妥善处理投诉。交易信息公开义务中银行必须以明确的格式、内容、语言，对其提供的产品或者服务，向消费者进行充分的信息披露和风险揭示，确保消费者在购买银行产品或者接受银行服务前已知晓并理解相关风险。

65. 【答案】 B

【解析】银行从业人员行应自觉抵制内幕交易，不得利用内幕信息谋取个人利益，不得将内幕信息以明示或暗示的的形式告知他人。

66. 【答案】 C

【解析】能效信贷是指银行业金融机构为支持用能单位提高能源利用效率，降低能源消耗而提供的信贷融资。

67. 【答案】 A

【解析】银行业金融机构的企业社会责任应当包括经济责任、社会责任和环境责任。

68. 【答案】 A

【解析】商业银行是否根据理财业务性质和风险特征，建立健全理财业务管理制度，包括产品准入管理、风险管理与内部控制、人员管理、销售管理、投资管理、合作机构管理、产品托管、会计核算和信息披露等相关内容。

69. 【答案】 C

【解析】衍生品交易业务主要风险点：市场风险，信用风险，操作风险，流动性风险。

70. 【答案】 C

【解析】目前，商业银行的经营发展越来越倾向于综合化经营。

71. 【答案】 B

【解析】(1)按照是否保证产品本金兑付，商业银行理财产品可以分为保本型理财产品和非保本型理财产品。(2)按照存续期内是否开放，商业银行理财产品可以分为封闭式理财产品和开放式理财产品。(3)按照收益表现方式的不同，商业银行理财产品可以分为净值型理财产品、预期收益型理财产品和其他收益表现方式理财产品。(4)按照是否挂钩衍生产品，商业银行理财产品可以分为结构性理财产品和非结构性理财产品。

72. 【答案】　B

【解析】根据综合化经营的股权架构不同，综合化经营的模式可以分为金融控股公司模式、银行母公司模式和全能银行模式三种。

73. 【答案】　B

【解析】商业银行内部控制应当坚持风险为本、审慎经营的理念，设立机构或开办业务均应坚持内控优先。建立有效的内控机制是银行机构开立和业务开办的前提基础，同时建立内控机制过程中，特别是在重点控制内容的确定、具体控制措施的制定、相关内控资源的配备等方面，要以风险为本，实质重于形式，提升商业银行风险管理的有效性。

74. 【答案】　A

【解析】商业银行内部控制应当贯穿决策、执行和监督全过程，覆盖各项业务流程和管理活动，覆盖所有的部门、岗位和人员，避免存在盲区和空白。

75. 【答案】　A

【解析】风险对冲对管理市场风险，（利率风险、汇率风险、股票风险和商品风险）非常有效，可以分为自我对冲和市场对冲两种情况。（1）自我对冲是指商业银行利用资产负债表或某些具有收益负相关性质的业务组合本身所具有的对冲特性进行风险对冲。（2）市场对冲是指商业银行对于无法通过资产负债表和相关业务调整进行自我对冲的风险，通过衍生产品市场进行对冲。

76. 【答案】　D

【解析】贷款是最大、最明显的信用风险来源。

77. 【答案】　D

【解析】中国银监会要求商业银行应当明确合规风险报告路线以及合规风险报告的要素、格式和频率等。

78. 【答案】　D

【解析】合规风险报告是指合规管理部门等依照银行内部合规风险管理程序，并按规定的报告路线，及时、全面、完整地向管理层提供定性和定量描述的银行经营过程中所涉及的合规风险状况的报告。

79. 【答案】　C

【解析】账面资本又称为会计资本，属于会计学概念，是指商业银行持股人的永久性资本投入，即出资人在商业银行资产中享有的经济利益，其金额等于资产减去负债后的余额，包括实收资本或普通股、资本公积、盈余公积、未分配利润等。监管资本涉及两个层次的概念：一是银行实际持有的符合监管规定的合格资本；二是银行按照监管要求应当持有的最低资本量或最低资本要求。经济资本是描述在一定的置信度水平下，为了应对未来一定期限内资产的非预期损失而应该持有或需要的资本金。

80. 【答案】　A

【解析】1994年，人民银行发布了《关于商业银行实行资产负债比例管理的通知》，提出了包括资本充足率在内的一系列资产负债比例的管理指标，并参考《巴塞尔协议Ⅰ》规定了资本充足率的计算方法和最低要求。

二、多项选择题

1. 【答案】 ABCDE

【解析】我国经济政策体系中的五大理念是：创新是引领发展的第一动力；协调是持续健康发展的内在要求；绿色是永续发展的必要条件和人民对美好生活追求的重要体现；开放是国家繁荣发展的必经之路；共享是中国特色社会主义的本质要求。

2. 【答案】 CDE

【解析】操作分析监测指标包括一类案件风险率和二类案件风险率，盈利性监测指标除了选项 CDE 以外，还包括：净息差。

3. 【答案】 DE

【解析】现场检查的一般方法包括：问询法、审阅法、核对法、顺查法、逆查法、详查法、复算法、盘点法。

4. 【答案】 ABC

【解析】公正原则包括实体公正和程序公正两个方面的要求。实体公正的要求包括：依法进行行政处罚，不偏私；平等对待相对人，不歧视；合理考虑相关因素，不专断。程序公正的要求有：处理涉及与自己有利害关系的事物或裁决与自己有利害关系的争议时，应实行回避制度；不在事先未通知和听取相对人申辩意见的情况下作出对行政相对人不利的行政处罚行为。

5. 【答案】 AB

【解析】单位通知存款是指单位类客户在存入款项时不约定存期，支取时需提前通知商业银行，并约定支取存款日期和金额方能支取的存款类型。不论实际存期多长，按存款人提前通知的期限长短，可再分为一天通知存款和七天通知存款两个品种。

6. 【答案】 AE

【解析】贷款业务有多种分类标准，按照客户类型可划分为个人贷款和公司贷款；按照贷款期限可划分为短期贷款和中长期贷款；按有无担保可划分为信用贷款和担保贷款。

7. 【答案】 ABDE

【解析】商业银行开办的贷款承诺业务可以分为：项目贷款承诺、开立信贷证明、客户授信额度和票据发行便利四大类。

8. 【答案】 ABCE

【解析】互联网信托的资金出借人可以选择 3 个月、6 个月、9 个月、12 个月、24 个月等不同周期的资金出借方式，在线上完成直接投资。

9. 【答案】 ABE

【解析】商业银行内部控制的四个控制目标中，商业银行经营管理合法合规、风险管理有效、财务会计等相关信息真实准确完整是内部控制的基础目标，建立和实施内部控制不仅要满足基础目标，还要最终保证商业银行发展战略和经营目标的实现。

10. 【答案】 ABCE

【解析】全面风险管理的方法，包括各类风险的识别、计量、评估、监测、报告、控制或缓释，风险加总的方法和程序。

11. 【答案】 BD

【解析】账面资本反映的是所有者权益，而监管资本、经济资本则是从覆盖风险与吸收损失的角度提出的资本概念。

12. 【答案】 ABC

【解析】商业性贷款理论、资产可转换理论和预期收入理论是资产管理阶段最具代表性的理论。

13. 【答案】 AE

【解析】在信息科技内外部审计方面，商业银行应重视：（1）近三年信息科技审计覆盖率；（2）近两年信息科技内（外）审整改率；（3）近两年内（外）审工作中信息科技专项审计占比。

14. 【答案】 ABCDE

【解析】商业银行应根据其经营战略、业务特点、财务实力、融资能力、总体风险偏好及市场影响力等因素确定流动性风险偏好，并在此基础上制定书面的流动性风险管理策略、政策和程序。

15. 【答案】 ACD

【解析】商业银行的支出主要由利息支出、资产减值损失、业务及管理费、其他营业支出等构成。

16. 【答案】 ABDE

【解析】信托公司设立信托计划，应当符合以下要求：（1）委托人为合格投资者；（2）参与信托计划的委托人为唯一受益人；（3）单个信托计划的自然人人数不得超过50人，但单笔委托金额在300万元以上的自然人投资者和合格的机构投资者数量不受限制；（4）信托期限不少于1年；（5）信托资金有明确的投资方向和投资策略，且符合国家产业政策以及其他有关规定；（6）信托受益权划分为等额份额的信托单位；（7）信托合同应约定受托人报酬，除合理报酬外，信托公司不得以任何名义直接或间接以信托财产为自己或他人牟利；（8）中国银监会规定的其他要求。

17. 【答案】 ABCDE

【解析】上汽财务是我国售价申请开办资产证券化业务的企业集团财务公司，开展信贷资产证券化业务有利于拓宽中长期融资渠道，降低融资成本，优化资产期限结构，强化金融服务功能，提高经营管理水平。

18. 【答案】 ABCDE

【解析】2008年国际金融危机以来，加强金融消费者保护成为全球热点话题，二十国集团（G20）、经济合作与发展组织（OECD）、世界银行等国际组织以及美国、英国、加拿大、日本、韩国等国家和地区相继通过改革监管体制和修订法律，不断修复金融监管体系的制度性缺陷，以进一步提高监管的刚性约束。选项ABCDE均正确。

19. 【答案】 ABCDE

【解析】消费者在使用自助设备时养成以下良好习惯：（1）留意门禁及自助设备主要部位有无异常；（2）办理业务时，仔细阅读屏幕中的操作说明和安全提示，确认操作无误；（3）不在交易过程中离开自助设备，避免被他人转移注意力；（4）交易完成后，及时退出系统并取回银行卡，检查取回的银行卡是否为本人的卡片；（5）选择打印交易单据后，妥善保管或及时销毁，切勿随意丢弃，以防银行卡信息泄露；（6）尽量避免夜间进入自助银行，避免到位置偏僻的自助银行办理业务；（7）办理业务时，如有陌生人搭话或干扰，首先要取回卡、现金和交易凭条，不给不法分子留有可乘之机。选项 ABCDE 均正确。

20.【答案】　ABCD

【解析】健全多元化广覆盖的机构体系：首先，充分调动、发挥传统金融机构和新型业态主体的积极性、能动性，引导各类型机构和组织结合自身特点，找准市场定位，完善机制建设，发挥各自优势，为所有市场主体和广大人民群众提供多层次、全覆盖的金融服务。其次，鼓励开发性政策性银行以批发资金转贷形式与其他银行业金融机构合作，降低小微企业贷款成本。再次，鼓励大型银行加快建设小微企业专营机构。继续完善农业银行"三农金融事业部"管理体制和运行机制，进一步提升"三农"金融服务水平。最后，推动省联社加快职能转换，提高农村商业银行、农村合作银行、农村信用联社服务小微企业和"三农"的能力。E 选项：鼓励金融机构运用大数据、云计算等新兴信息技术，打造互联网金融服务平台，为客户提供信息、资金、产品等全方位金融服务属于创新金融产品和服务手段的内容。

三、判断题

1.【答案】　A

【解析】五大政策支柱整体融合、有机结合、相互配合，旨在为推进供给侧结构性改革营造更好的环境和条件。

2.【答案】　B

【解析】金融政策委员会由英格兰银行行长任主席。

3.【答案】　B

【解析】核对法是指将两种或两种以上的书面资料相互对照，来验证其内容是否一致，计算是否准确的方法；顺查法是按照经营活动、财务收支以及计划编制、会计处理等程序，依次进行审查的一种方法。

4.【答案】　B

【解析】交易账户是指银行为交易目的或规避交易账户其他项目的风险而持有的可以自由交易的金融工具和商品头寸；银行账户是相对于交易账户而言的，记录的是商业银行所有未划入交易账户的表内外业务。

5.【答案】　A

【解析】行政诉讼的管辖是指人民法院之间受理第一审行政案件的职权分工。

6.【答案】　A

【解析】金融债券是指依法在我国境内设立的金融机构法人在境内外债券市场发行的、按约定还本付息的有价证券。

7.【答案】　B

【解析】商业银行的目标是追求利润最大化，证券投资的基本目标也是在一定风险水平下使投资收益最大化。

8.【答案】 B

【解析】银行保函的监管要求：（1）检查商业银行开办银行保函业务的市场准入资格，是否制定较为科学、完善的银行保函业务管理办法、操作规程和相关财务核算办法。（2）检查商业银行有无擅自开办银行保函业务行为，如未经有效授权，擅自对外出具保函。（3）检查商业银行是否建立包括保函业务等表外业务在内的统一的审慎的授权授信管理制度。（4）检查商业银行对银行保函业务的内控管理，综合评价商业银行对保函业务的风险控制能力和水平。（5）检查商业银行是否采取了恰当的风险补偿措施，有无执行保证金制度和落实反担保措施。（6）检查商业银行对银行保函业务费用的收取是否及时足额，核算是否正确。（7）检查商业银行保函文本是否存在缺陷，保函条款是否符合我国经济法律法规。

9.【答案】 B

【解析】商业银行所承担的市场风险水平于其市场风险管理能力和资本实力相匹配。

10.【答案】 A

【解析】账面资本、监管资本和经济资本三者之间既有区别、又有联系。

11.【答案】 A

【解析】银行绩效考评即银行经营业绩的考核与评价。

12.【答案】 A

【解析】信息科技已成为银行业的重要基础设施，单体机构风险常常可能演变为行业共性风险，对银行业的稳健运行产生区域性、系统性影响。

13.【答案】 A

【解析】非金融类不良资产是指非金融机构所有，但不能为其带来经济利益，或带来的经济利益低于账面价值，已经发生价值贬损的资产，以及各类金融机构作为中间人委托管理其他法人或自然人财产形成的不良资产等其他经监管部门认为的不良资产。

14.【答案】 A

【解析】信托公司应当建立交叉产品风险管理机制，在合同中落实参与方的风险管理责任，建立针对"具有交叉传染性"特征信托产品的风险识别、计量、监测、预警和管理体系。题目表述正确。

15.【答案】 B

【解析】金融租赁以租赁物为核心，特别围绕具有先进技术水平、符合产业发展导向的高端制造业设备投放。

16.【答案】 A

【解析】同业拆借是指汽车金融公司与经中国人民银行批准进入全国银行间同业拆借市场的金融机构之间，通过全国统一的同业拆借市场进行的无担保资金融通行为。题中表述正确。

17.【答案】 B

【解析】银行不得预先在本金中扣除利息。利息预先在本金中扣除的，按实际借款数额返还借款并计算利息。这是银行应该尽的义务。所以本题错误。

18.【答案】 B

【解析】《国务院办公厅关于加强金融消费者权益保护工作的指导意见》（国办发〔2015〕81号）指出，金融消费者是金融市场的重要参与者，也是金融业持续健康发展的推动者。

19.【答案】 A

【解析】目前，银行业经营发展中存在的很多问题，都可以在绩效考评上找到源头。

20.【答案】 A

【解析】利益相关者以及为促进社会与环境可持续发展所应承担的经济、法律、道德与慈善责任。

全国银行业专业人员职业资格考试热题库

《银行管理（中级）》模拟试卷（三）

一、单项选择题（共80题，每小题0.5分，共40分。以下各小题所给出的四个选项中，只有一项符合题目要求，请选择相应选项，不选、错选均不得分。）

1. 关于我国经济发展的大逻辑，下列说法中错误的是（　　）。
   A. 认识新常态　　B. 引领新常态　　C. 适应新常态　　D. 提升新常态

2. （　　）财政部、国家税务总局向社会公布了《营业税改征增值税试点实施办法》。
   A. 2016年3月24日　　　　　　B. 2016年11月25日
   C. 2016年2月24日　　　　　　D. 2016年8月25日

3. 最大十家客户融资集中度指标标准为（　　）。
   A. 小于75%　　B. 小于50%　　C. 小于30%　　D. 小于25%

4. 流动性风险监测指标中，（　　）反映了银行存款的集中度。
   A. 最大十户存款比例　　　　　B. 存贷比
   C. 核心负债比例　　　　　　　D. 最大十家同业融入比例

5. 下列选项中，关于美国金融监管大致经历阶段说法错误的是（　　）。
   A. 自由竞争时期（20世纪30年代以前）
   B. 大萧条后的严格监管时期（20世纪30年代至70年代）
   C. 再次放松监管时期（20世纪70年代至80年代）
   D. 审慎监管时期（20世纪90年代至2008年次贷危机前）

6. 《有效银行监管的核心原则》要求银行业监管当局应具备特征不包括（　　）。
   A. 有足够的监管能力实施充分、有效的审查
   B. 有权制定以审慎监管原则为基础的发照标准
   C. 与履行监管职责相适应的充分法律授权
   D. 有符合规定的资本充足率

7. 下列选项中，不属于现场检查实施阶段的是（　　）。
   A. 实施方式　　B. 实施步骤　　C. 检查方式　　D. 立项

8. 目前，非现场监管主要使用（　　）个基础指标，涵盖了资本充足、杠杆情况、信用风险、盈利性、流动性风险、市场风险等六个方面，对银行业金融机构风险状况可以有效计量和监测。
   A. 54　　B. 55　　C. 58　　D. 60

9. 下列选项中，关于《有效银行监管的核心原则》内容的说法错误的是（　　）。
   A. 并停止批准其开办新业务或收购活动

B. 监管者应当有权力限制银行当前开展的业务
C. 银行监管者必须掌握完善的监管手段
D. 可以进行资产转让及购回自己的股权

10. 最新修订的《处罚办法》确立了调查、审理和决定环节负责部门分离的行政处罚体制。下列选项中，说法错误的是（　　）。
    A. 监督检查部门负责立案、调查取证、提出行政处罚建议
    B. 政处罚委员会负责审议决定行政处罚案件
    C. 行政处罚委员会办公室负责行政处罚案件的审理
    D. 行政处罚委员会负责组织听证和行政处罚委员会审议会议

11. 下列选项中，关于行政复议受理的说法错误的是（　　）。
    A. 复议申请符合其他法定条件，但不属于本行政机关受理的，应告知申请人向有关行政机关提出
    B. 复议申请符合法定条件的，应予受理
    C. 申请人提出复议申请后，行政复议机关对复议申请进行审查
    D. 复议申请不符合法定条件的，决定不予受理，可以直接退回去

12. 商业银行最主要的资金来源为（　　）。
    A. 存款　　　　　　　　　　B. 同业拆借
    C. 向中央银行借款　　　　　D. 发行债券

13. （　　）是个人事先约定偿还期的存款，其利率视期限长短而定。
    A. 外币存款　　B. 定期存款　　C. 活期存款　　D. 单位存款

14. （　　）是指因支付清算、提取及解缴现金款项等需要，由其他金融机构存放于商业银行款项的业务。
    A. 同业存放　　B. 债券融资　　C. 同业拆借　　D. 向中央银行借款

15. （　　）是指在商业银行资产负债表上反映的贷款。
    A. 信用贷款　　B. 表外业务　　C. 表内贷款　　D. 担保贷款

16. 固定资产贷款的监管要求不包括（　　）。
    A. 强化合同管理　　B. 加强风险评价　　C. 全流程管理　　D. 明确法律责任

17. 商业银行应加强债券投资业务的（　　）管理，充分评估债券发行人、交易对手的资信状况。
    A. 项目风险　　B. 信用风险　　C. 市场风险　　D. 流动性风险

18. 银行支票的监管中，应当注意的事项表述错误的是（　　）。
    A. 检查商业银行支票的账表核对情况，是否存在账实不符的情况
    B. 检查有无不具备条件的申请人签发支票
    C. 检查商业银行是否制定了完整的银行支票业务管理办法
    D. 检查商业银行对支票业务费用的收取是否及时足额，核算是否正确

19. 下列选项中，不属于银行卡用户使用管理中的风险的是（　　）。
    A. 信用卡透支违反规定用于生产经营、投资等领域
    B. 银行从业人员非法存储、窃取、泄露、买卖支付敏感信息

C. 刷卡交易过程中银行卡信息泄露的风险
  D. 银行卡的伪造及涂改风险
20. 落实保函的风险补偿措施不力，未执行保证和反担保制度的行为不包括（   ）。
   A. 无保证金出具保函   B. 未进行专户管理
   C. 保证金管理混乱   D. 专款专用
21. 下列选项中，关于贷款承诺业务监管要求的说法，正确的是（   ）。
   A. 如果是个人贷款承诺，则审查建设项目的依法合规性
   B. 检查商业银行是否制定规章制度以明确出具贷款承诺的审批权限或审批程序
   C. 检查商业银行对申请人的资信情况是否进行调查，审查申请人的内部管理是否规范，经营情况，信用评价满足该银行授信要求
   D. 检查商业银行出具的可撤销贷款承诺是否已纳入到该银行对相关客户的整体授信管理体系
22. 商业银行销售理财产品，应当遵循的原则不包括（   ）。
   A. 公平   B. 公开   C. 公正   D. 实事求是
23. 存放同业属于商业银行的（   ）。
   A. 理财业务   B. 贷款承诺业务   C. 担保类业务   D. 同业业务
24. 由于商业银行内部流程的不完善或者失效，操作人员操作不当或违规操作导致交易损失的风险是指（   ）。
   A. 市场风险   B. 流动性风险   C. 信用风险   D. 操作风险
25. 商业银行开展金融创新活动，应遵守法律、行政法规和规章的规定，因此应当坚持（   ）。
   A. 合法合规原则   B. 公平竞争原则   C. 成本可算原则   D. 客户适当性原则
26. 互联网支付主要表现形式不包括（   ）。
   A. 移动支付   B. 网银
   C. 自助服务终端机   D. 第三方支付
27. 商业银行（   ）应将金融创新活动的风险管理纳入全行统一的风险管理体系。
   A. 高级管理层和股东大会   B. 董事会和高级管理层
   C. 董事会和股东大会   D. 股东大会和监事会
28. 商业银行规范披露信息应当遵循的原则不包括（   ）。
   A. 完整性原则   B. 准确性原则   C. 真实性原则   D. 公开性原则
29. 下列选项中，不属于内部控制环境要求的是（   ）。
   A. 银行应建立完善的公司治理组织架构，分权制衡
   B. 应建立分工合理、职责明确、报告关系清晰的组织结构
   C. 银行应制定明确的内部控制政策，规定内部控制的原则和基本要求
   D. 银行应建立并保持信息交流与沟通的程序，应建立并保持必要的内部控制体系文件
30. 为有助于避免外部审计师长期审计同一家银行造成的客观性和独立性削弱，外审机构同一签字注册会计师对同一家银行业金融机构进行外部审计的服务年限不得

超过（　　）。
A. 2 年　　　　　B. 6 年　　　　　C. 5 年　　　　　D. 7 年

31. （　　）的水平体现着商业银行的核心竞争力。
A. 资本管理　　　B. 客户管理　　　C. 风险管理　　　D. 时间管理

32. （　　）是指商业银行拒绝或退出某一业务或市场，以避免承担该业务或市场风险的策略性选择。
A. 风险对冲　　　B. 风险补偿　　　C. 风险规避　　　D. 风险转移

33. 重大声誉事件发生后（　　）内向中国银监会或其派出机构报告有关情况。
A. 12 小时　　　　B. 24 小时　　　　C. 36 小时　　　　D. 48 小时

34. 下列选项中，不属于合规管理基本机制的是（　　）。
A. 合规绩效考核机制与合规问责机制　　B. 全面管理制度
C. 合规培训与教育制度　　　　　　　　D. 诚信举报机制

35. 为满足监管要求，促进商业银行审慎经营，维持金融体系稳定而规定的银行必须持有的资本是（　　）。
A. 经济资本　　　B. 核心资本　　　C. 会计资本　　　D. 监管资本

36. 资本监管的"三大支柱"不包括（　　）。
A. 最低资本要求　B. 最高资本要求　C. 监督检查　　　D. 市场约束

37. 商业银行资本充足率不得低于（　　）。
A. 7%　　　　　　B. 8%　　　　　　C. 10%　　　　　 D. 15%

38. 下列选项中，不属于西方商业银行资产管理阶段最具代表性的理论是（　　）。
A. 商业性贷款理论　　　　　　　　　B. 资产可转换理论
C. 预期收入理论　　　　　　　　　　D. 负债管理理论

39. 根据管理需要，信贷计划管理指标可分为（　　）。
A. 高级指标和中级指标　　　　　　　B. 普通指标和特殊指标
C. A 级指标和 B 级指标　　　　　　　D. 一级指标和二级指标

40. 商业银行存款定价方法很多，常用的有行业价格法、基准利率法、逆向倒推法和（　　）。
A. 基本指标法　　B. 内部模型法　　C. 综合评价法　　D. 内部评级法

41. 银行账户利率风险管理常用的方法不包括（　　）。
A. 情景模拟及压力测试　　　　　　　B. 久期分析
C. 风险价值分析　　　　　　　　　　D. 敏感性分析

42. 商业银行无法以合理成本及时获得充足资金以偿付到期债务、履行其他支付义务和满足正常业务开展资金需求的风险属于（　　）。
A. 信用风险　　　B. 市场风险　　　C. 流动性风险　　D. 购买力风险

43. 《流动性覆盖率披露标准》规定，银行应定期在财务报告中或（　　）公开披露流动性覆盖率的定量信息和定性分析。
A. 银行网站　　　　　　　　　　　　B. 银行机构内
C. 证监会指定网站　　　　　　　　　D. 银监会指定网站

44. 商业银行每季度进行一次常规（　　），且结果逐步应用于董事会、高级管理层的有关决策过程。
   A. 敏感性分析　　B. 风险评估　　C. 压力测试　　D. 不定期检查

45. 根据《绩效指引》的规定，银行业金融机构及其分支机构在设置考评指标、确定考评标准和分解考评指标时，应当符合（　　）和与自身能力相适应的原则。
   A. 合规经营　　B. 独立评级　　C. 审慎经营　　D. 分级管理

46. 商业银行薪酬管理的基本内容不包括（　　）。
   A. 薪酬结构体系　　　　　　B. 薪酬管理制度
   C. 薪酬管理体制　　　　　　D. 绩效考核和薪酬管理

47. 商业银行利息收入受多种因素制约，下列因素不会影响商业银行利息收入的是（　　）。
   A. 法定准备金率　　B. 市场需求　　C. 税收政策　　D. 利息政策

48. 我国银行业信息科技的发展经历了信息孤岛阶段、互联互通阶段、银行信息化阶段和（　　）四个阶段。
   A. 电子银行发展　　　　　　B. 现代化支付阶段
   C. 信息化银行阶段　　　　　D. 创新发展阶段

49. 下列选项中，不属于阶段性股权投资类型的是（　　）
   A. 对拟上市公司的阶段性股权投资
   B. 对上市公司的阶段性股权投资
   C. 对注入上市公司的项目公司的阶段性股权投资
   D. 对拟注入上市公司的项目公司的阶段性股权投资

50. 不良贷款主要包括贷款五级分类中划分的银行贷款，其中不包括（　　）。
   A. 次级　　B. 损失　　C. 可疑　　D. 正常

51. 在法人层级上，考虑到集团管理的效率减少风险扩散链条的必要性，对集团层级提出了明确要求，原则上是（　　）的三级架构。
   A. 母—子—孙　　B. 孙—子—父　　C. 父—子—孙　　D. 孙—子—母

52. （　　）是指信托公司以营业和收取报酬为目的，以受托人身份承诺信托和处理信托事务的经营行为。
   A. 信托业务　　B. 固有业务　　C. 委托业务　　D. 代理业务

53. （　　）已经成为信托公司的主营业务。
   A. 信托业务　　B. 固有业务　　C. 委托业务　　D. 代理业务

54. 信托公司申请投资设立、参股、收购境外机构时，权益性投资余额原则上不超过其净资产的（　　）。
   A. 20%　　B. 30%　　C. 40%　　D. 50%

55. 财务公司应培育良好的风险文化，实施合理的风险管理政策，设计完善的风险管理架构，建立包括风险（　　）等内容的风险管理流程，运用先进的风险管理方法，强化业务、职能、审计三道防线，保障公司经营稳健与中央企业资金安全。
   A. 识别、计量、分析、评估、检查、控制

B. 识别、监测、分析、评价、报告、控制
C. 识别、计量、分析、评估、报告、控制
D. 识别、计算、分析、评价、报告、应用

56. （　　）是指财务公司按一定利率和必须归还等条件向成员单位出借贷款资金的一种信用活动形式。
   A. 办理成员单位产品的买方信贷　　B. 对成员单位办理贷款
   C. 对成员单位办理融资租赁　　D. 成员单位产品的融资租赁

57. 申请设立财务公司的企业集团最近1个会计年度末期，按规定并表核算的成员单位的资产总额应当不低于（　　）亿元人民币，净资产不低于资产总额的（　　）。
   A. 30；30%　　B. 40；50%　　C. 50；30%　　D. 50；50%

58. 信用风险转移是指金融租赁公司通过使用各种金融工具把信用风险转移到其他租赁公司或其他金融机构。例如，金融租赁公司可以通过租赁资产交易、租赁资产收益权交易、（　　）等手段转移信用风险。
   A. 转债权及物权交易　　B. 转收益权交易
   C. 资产证券化　　D. 转租赁交易

59. 单一客户融资集中度是指金融租赁公司对单一承租人的全部融资租赁业务余额占金融租赁公司资本净额的比例。金融租赁公司的单一客户融资集中度不得超过资本净额的（　　）。
   A. 30%　　B. 50%　　C. 60%　　D. 80%

60. 美国的消费信贷占其国内生产总值的（　　）以上。
   A. 10%　　B. 15%　　C. 20%　　D. 30%

61. 货币经纪公司最早起源于英国外汇市场，其盛行于（　　）。
   A. 20世纪60年代　　B. 20世纪70年代
   C. 20世纪90年代　　D. 20世纪80年代

62. 消费金融公司的出资人应当为中国境内外依法设立的企业法人，并分为（　　）。
   A. 特殊出资人和一般出资人　　B. 主要出资人和次要出资人
   C. 主要出资人和一般出资人　　D. 特殊出资人和次要出资人

63. 与一般消费者相比，金融消费者有其特殊性。金融产品和服务主要体现为信息的组合，消费过程更多地表现为信息的汇集和传递，因此金融消费具有（　　）。
   A. 可塑性　　B. 无形性　　C. 风险性　　D. 有偿性

64. 银行业金融机构应该尊重银行业消费者的（　　），公平公正的制定格式合同和协议文本。
   A. 个人金融信息安全权　　B. 自主选择权
   C. 公平交易权　　D. 知情权

65. （　　）是指以银行业金融机构为贷款人，以自然人个人为借款人，借、贷双方签订借款合同，按约定贷款人向借款人提供贷款，借款人到期返还本金并支付利息的一种融资形式。
   A. 个人贷款　　B. 支付结算　　C. 代收代付　　D. 储蓄消费

66. 不属于普惠金融的发展目标的是（   ）。
    A. 提高金融覆盖率   B. 完善金融体系
    C. 提高金融服务可得性   D. 提高金融服务满意度
67. 不属于普惠金融基本原则的是（   ）。
    A. 健全机制、持续发展   B. 市场主导、政府引导
    C. 机会平等、惠及民生   D. 创造利润
68. 目前银行大量推出创新型理财产品，而内控建设相对滞后，在一定程度上增加了因操作失误或欺诈给商业银行带来的风险是指（   ）。
    A. 市场风险   B. 法律风险   C. 信用风险   D. 操作风险
69. 因标的资产价格出现与预期逆向的变动而导致金融衍生工具价格出现损失的可能性是指（   ）。
    A. 市场风险   B. 流动性风险   C. 信用风险   D. 操作风险
70. 互联网支付主要表现形式不包括（   ）。
    A. 第三方支付   B. 移动支付
    C. 自助服务终端机   D. 网银
71. 按照收益表现方式的不同，商业银行理财产品可以分为（   ）。
    A. 结构性理财产品和非结构性理财产品
    B. 保本型理财产品和非保本型理财产品
    C. 净值型理财产品、预期收益型理财产品和其他收益表现方式理财产品
    D. 封闭式理财产品和开放式理财产品
72. 金融效率和（   ）之间既有互补性，又有替代性。
    A. 金融监管   B. 金融安全   C. 金融创新   D. 金融杠杆
73. 以下（   ）不是商业银行主要的内部控制措施。
    A. 内部控制制度 B. 授信控制   C. 外包管理   D. 员工行为管理
74. 银监会《商业银行内部控制指引》中对内部控制评价进行具体要求不包括（   ）。
    A. 内部控制评价制度   B. 内部控制评价的频率
    C. 内部控制评价的范围   D. 内部控制评价反馈
75. （   ）是商业银行在追求实现战略目标的过程中，愿意承担的风险类型和总量，它是统一全行经营管理和风险管理的认知标准，是风险管理的基本前提。
    A. 风险承受能力 B. 风险偏好   C. 风险限额   D. 止损限额
76. （   ）是指由不完善或有问题的内部程序、员工、信息科技系统以及外部事件所造成损失的风险。
    A. 操作风险   B. 信用风险   C. 市场风险   D. 声誉风险
77. 下列选项中，关于合规文化的实现说法错误的是（   ）。
    A. 树立"合规从中层做起"的理念   B. 树立"合规人人有责"理念
    C. 树立"主动合规"理念   D. 树立"合规创造价值"理念
78. （   ）是商业银行实施全面风险管理战略的有机组成部分，是商业银行构建有效

内部控制机制的基础和核心，更是银行安全稳健运营的重要基础。
A. 内部控制管理体系　　　　　　B. 合规风险管理体系
C. 全面风险管理体系　　　　　　D. 财务风险管理体系

79. 现代商业银行的核心是（　　）。
A. 提高市场份额　　　　　　　　B. 扩大经营规模
C. 实现利润最大化　　　　　　　D. 经营和管理风险

80. 2011年，银监会发布了《商业银行杠杠率管理办法》，规定了商业银行杠杆率的最低要求是（　　）。
A. 3%　　　　B. 4%　　　　C. 6%　　　　D. 8%

二、多项选择题（共20题，每小题1.5分，共30分。以下各小题所给出的五个选项中，只有两项或两项以上符合题目要求，请选择相应选项，不选、错选均不得分。）

1. 货币政策环境包括（　　）。
A. 灵活开展公开市场操作
B. 发挥好存款准备金率工具的作用
C. 适时开展常备借贷便利和中期借贷便利操作
D. 运用好再贷款、再贴现和抵押补充贷款工具
E. 利率市场化改革取得关键性进展

2. 下列选项中，属于欧盟金融监管体系现状的是（　　）。
A. 成立欧洲金融监管当局，加强微观审慎监管
B. 设立系统性风险委员会，加强宏观审慎监管
C. 构建欧洲银行业单一监管机制，赋予欧洲央行银行业最高监管人角色
D. 金融政策委员会
E. 审慎监管局

3. 非现场监管体系包括的内容包括（　　）。
A. 风险监测计量指标体系　　　　B. 基础信息体系
C. 风险评估判断体系　　　　　　D. 风险预警体系
E. 风险分析体系

4. 行政复议的具体程序是（　　）。
A. 受理　　　　　　　　　　　　B. 申请
C. 审理　　　　　　　　　　　　D. 决定
E. 事后反馈

5. 针对商业银行同业存放业务所存在的主要风险点，监管部门重点加强对其（　　）等方面的监管。
A. 经营合规性　　　　　　　　　B. 内部控制制度建设及执行
C. 风险控制　　　　　　　　　　D. 会计核算
E. 监督检查

6. 下列选项中，属于同业业务主要风险点的是（   ）。
   A. 市场风险　　　　　　　　　B. 流动性风险
   C. 声誉风险　　　　　　　　　D. 法律风险
   E. 操作性风险

7. 下列关于汇票的说法中，正确的是（   ）。
   A. 可以由银行签发　　　　　　B. 不可以由银行签发
   C. 可以由企业签发　　　　　　D. 可以由企业签发
   E. 不可以由企业签发

8. 商业银行年度披露的信息包括（   ）。
   A. 财务会计报告　　　　　　　B. 基本信息
   C. 战略规划信息　　　　　　　D. 年度重大事项
   E. 公司重组信息

9. 内部审计部门需要向中国证监会或其派出机构报告的事项包括（   ）。
   A. 制定的内部审计章程、中长期审计规划和年度工作计划
   B. 内部审计部门开展异地审计的，应当同时将审计报告抄报审计对象所在地的中国证监会派出机构
   C. 向董事会提交的全面审计工作报告
   D. 外部中介机构对银行的审计报告
   E. 内部审计部门发现重大问题并报告董事会后，在问题未得到认真查处整改情况下，应直接向中国证监会报告相关情况

10. 针对国家风险，商业银行应当选择适当的计量方法，计量方法至少应当满足（   ）的要求。
    A. 能够跨越不同的时间进行计量
    B. 能够在单一和并表层面按国别计量风险
    C. 能够覆盖所有重大风险暴露和不同类型的风险
    D. 能够根据有风险转移和无风险转移情况分别计量国别风险
    E. 能够充分考虑国别风险的评估结果

11. 《巴塞尔资本协议Ⅱ》中的三大支柱是指（   ）。
    A. 最低资本要求　　　　　　　B. 监督检查
    C. 内部控制　　　　　　　　　D. 市场纪律
    E. 股权分置

12. 资产负债监测表一般应包括的内容是（   ）。
    A. 信用风险管理情况　　　　　B. 资产负债计划完成情况
    C. 流动性管理情况　　　　　　D. 本外币存贷款数据
    E. 利率管理情况

13. 根据《商业银行市场风险管理指引》规定，市场风险管理体系的主要要求包括（   ）。
    A. 按照银监会关于商业银行内部控制的有关要求，建立完善的市场风险管理内部控制体系

B. 按照银监会关于商业银行资本充足率管理的要求，为所承担的市场风险提取充足的资本
C. 商业银行应当建立全面、严密的压力测试程序，对市场风险实施限额管理，建立市场风险限额体系，并对市场风险有重大影响的情形制订应急处理方案
D. 商业银行应当对每项业务和产品中的市场风险因素进行分解和分析，及时、准确地识别所有交易和非交易业务中市场风险的类别和性质
E. 商业银行应当制定适用于整个银行机构的、正式的书面市场风险管理政策和程序，管理政策和程序应当与银行的业务性质、规模、复杂程度和风险特征相适应，与其总体业务发展战略、管理能力、资本实力和能够承担的总体风险水平相一致

14. 绩效考评体系的综合考评结果可以反映被考评对象的整体经营情况，因此通常被应用于（   ）等方面。
    A. 评定等级行   B. 资源配置
    C. 战略目标审视   D. 人力资源管理运用
    E. 制度建设及企业文化建设

15. 金融类不良资产主要操作模式的环节包括（   ）。
    A. 收购   B. 处置
    C. 管理   D. 重组
    E. 接管

16. 托当事人至少包括（   ），从而区别于只有两方当事人的合同关系。
    A. 受益人   B. 保险人
    C. 被保险人   D. 委托人
    E. 受托人

17. 下列选项中，属于财务公司监控指标的是（   ）。
    A. 短期证券投资比例   B. 流动性比例
    C. 长期股权投资比例   D. 拆出资金比例和担保比例
    E. 自有固定资产与资本总额的比例

18. 金融租赁行业在发展过程中的功能优势包括（   ）。
    A. 拉动产品需求   B. 促进社会投资
    C. 实现充分就业   D. 平衡国际贸易
    E. 提高经济效益

19. 银行业消费者投诉分类包括（   ）。
    A. 一般性投诉   B. 重要投诉
    C. 普通投诉   D. 重大投诉
    E. 紧急投诉

20. 下列选项中，关于定活两便储蓄存款、个人通知存款计结息方法正确的是（   ）。
    A. 存期三个月（含）以上、一年以内的，按支取日同档次整存整取利率打六折计息

B. 定活两便储蓄存款存期不限，存期不满三个月的，按支取日活期利率计息
C. 定活两便储蓄存款存期不限，存期不满六个月的，按支取日活期利率计息
D. 存期超过一年（含）的，无论存期多长，一律按支取日定期整存整取一年期存款利率打六折计息
E. 存期六个月（含）以上、一年以内的，按支取日同档次整存整取利率打六折计息

三、判断题（共 20 题，每小题 1.5 分，共 30 分。请判断以下各小题的对错，正确的用"A"表示，错误的用"B"表示。）

1. 自 2005 年 7 月 21 日起，我国开始实行以市场供求为基础、参考一篮子货币进行调节、有管理的浮动汇率制度。

2. 2009 年 4 月 2 日，即二十国集团伦敦金融峰会期间，金融稳定论坛正式更名为金融稳定理事会。

3. 系统性、区域性风险非现场监管应重点监测银行业风险情况，特别是非系统重要性机构风险情况。

4. 保持充足的流动性是有代价的，主要是因为保持流动性充足可能削弱银行的盈利能力。

5. 银行业金融机构完成整改，经验收符合有关审慎经营规则时，监管部门应当自验收完毕之日起 2 内解除对其采取的有关措施，防止监管机构滥用监督管理权力。

6. 负债业务的法律风险主要是指商业银行所设计的负债业务品种、条款或合同文本与现行法律法规不一致或存在明显的法律缺陷，商业银行以此办理负债业务，引发法律纠纷并导致产生损失的可能性。

7. 某大型企业受金融危机的影响效益出现下滑、负债率偏高。为支持该企业渡过难关，商业银行可以对该企业个别经营指标进行微调并继续将其评定为 AAA 级客户。

8. 签发汇兑凭证记载事项不全是银行汇票的主要风险点。

9. 金融创新概念是由凯恩斯提出的。

10. 根据资本充足状况，银监会将商业银行分为三类。

11. 互联网金融、电子银行、网上银行等信息技术革命使得资金转移更加迅速，加速流动性风险的变化。

12. 风险资产利润率指标是从商业银行经营风险的角度来评价银行的收益，是反向指标。

13. 盈利性与流动性、安全性之间通常呈反方向变动关系。

14. "信息科技风险甚至成为唯一可能使银行业务在瞬间全部瘫痪的重要风险"是银行业风险管理的重要对象。

15. 资产公司集团内部交易是指集团母公司与附属法人机构以及附属法人机构之间发生的包括资产、资金、服务等资源或义务转移的行为。

16. 财务公司风险管控体系是指在完善集团风险管理和内部控制体系的基础上，将财务公司纳入集团风险管理体系，实施有效的审计稽核，指导财务公司科学制定风险容忍度、风

险管理和内部控制政策,并根据集团发展实际和财务公司发展阶段,合理规划资本、业务及利润增长目标,确保财务公司稳健经营。

17. 金融消费者对金融产品和服务的消费行为不仅引起当期损益,还会影响未来的收入或支出,并可能通过金融行业在国民经济中的特殊地位和作用,传导至整个国民体系,因此金融消费更具风险性。

18. 《指导意见》首次从国家层面对金融租赁行业发展进行了顶层设计,从充分认识金融租赁服务实体经济的重要作用、突出金融租赁特色、发挥产融协作优势、提升金融租赁服务水平、加强基础设施建设、完善配套政策体系、加强行业自律以及完善监管体系等8个方面提出了促进行业发展的政策措施,对建设金融租赁"新高地"、提升行业战略地位、加快行业健康发展、更好地服务实体经济具有重要意义。

19. 在特殊情况下,银行可以预先在个人贷款消费者的本金中扣除利息。

20. 《稳健原则》中,原则13提出了银行流动性风险信息披露要求,其信息披露应包括定性和定量信息。

模拟试卷(三)参考答案及解析

一、单项选择题

1. 【答案】 D

【解析】认识新常态、适应新常态、引领新常态,是我国经济发展的大逻辑。

2. 【答案】 A

【解析】2016年3月24日,财政部、国家税务总局向社会公布了《营业税改征增值税试点实施办法》。

3. 【答案】 B

【解析】最大十家客户融资集中度=最大十家客户授信余额/资本净额×100%,该指标应小于50%。

4. 【答案】 A

【解析】流动性风险监测指标中,最大十户存款比例反映了银行存款的集中度。

5. 【答案】 D

【解析】美国金融监管大致经历的阶段是:(1)自由竞争时期(20世纪30年代以前);(2)大萧条后的严格监管时期(20世纪30年代至70年代);(3)再次放松监管时期(20世纪70年代至80年代);(4)审慎监管时期(20世纪90年代至2007年次贷危机前);(5)次贷危机后全面强化监管。

6. 【答案】 D

【解析】《有效银行监管的核心原则》要求银行业监管当局应具有与履行监管职责相适应的充分法律授权、有权制定以审慎监管原则为基础的发照标准,有足够的监管能力实施充分、有效的审查,并作出审慎决定。

7. 【答案】 D

【解析】现场检查实施阶段包括的内容包括:实施方式、实施步骤、检查方式;立项属于现场检查准备阶段的内容。

8. 【答案】 A

【解析】目前，非现场监管主要使用54个基础指标，涵盖了资本充足、杠杆情况、信用风险、盈利性、流动性风险、市场风险等六个方面，对银行业金融机构风险状况可以有效计量和监测。

9. 【答案】 D

【解析】银行监管者必须掌握完善的监管手段，以便在银行未能满足审慎要求（如最低资本充足率）或当存款人的安全受到威胁时及时采取纠正措施；在紧急情况下，其中应包括撤销银行执照或建议撤销其执照、监管者应当有权力限制银行当前开展的业务，并停止批准其开办新业务或收购活动；还应该有权力限制或暂停向股东支付红利或其他收入，禁止资产转让及购回自己的股权；监管者应具备有效的手段解决管理方面的问题，其中包括撤换控股方、管理层或董事，限制其手中的权力，并可在他认为适当的情况下将这批人永远逐出银行业。

10. 【答案】 D

【解析】最新修订的《处罚办法》确立了调查、审理和决定环节负责部门分离的行政处罚体制。明确了监督检查部门负责立案、调查取证、提出行政处罚建议；行政处罚委员会办公室负责行政处罚案件的审理、组织听证和行政处罚委员会审议会议；行政处罚委员会负责审议决定行政处罚案件。

11. 【答案】 D

【解析】申请人提出复议申请后，行政复议机关对复议申请进行审查。行政复议机关对复议申请进行审查后，应当在收到申请书后的一定期限内，对复议申请分别作以下处理：(1) 复议申请符合法定条件的，应予受理；(2) 复议申请符合其他法定条件，但不属于本行政机关受理的，应告知申请人向有关行政机关提出；(3) 复议申请不符合法定条件的，决定不予受理，并告知理由和相应的处理方式，而不能简单地一退了之。

12. 【答案】 A

【解析】存款是银行对存款人的负债，是银行最主要的资金来源。

13. 【答案】 B

【解析】定期存款是个人事先约定偿还期的存款，其利率视期限长短而定。

14. 【答案】 A

【解析】同业存放是指因支付清算、提取及解缴现金款项等需要，由其他金融机构存放于商业银行款项的业务；同业拆借是指金融机构之间相互融通的短期资金融通业务；债券融资是指在我国境内设立的金融机构法人，通过在境内外债券市场依法发行、按约定还本付息的有价证券，对购买人形成的负债；向中央银行借款是指商业银行在经营过程中如发生资金不足，向中央银行借款的业务。选项 A 正确。

15. 【答案】 C

【解析】按照是否在商业银行资产负债表上反映，信贷业务可分为表内贷款和表外业务，也称表内授信和表外授信，或表内业务和表外业务。表内贷款是指在商业银行资产负债表上反映的贷款；表外业务是指商业银行从事的，按照通行的会计准则不计入资产负债表内,不影响资产负债总额,但能改变当期损益及营运资金,从而提高银行资产报酬率的经营活动。

16. 【答案】 D

【解析】固定资产贷款的监管要求包括:(1)全流程管理;(2)加强风险评价;(3)强化合同管理;(4)加强贷款发放和支付审核;(5)强化法律责任。

17. 【答案】 B

【解析】商业银行应加强债券投资业务的信用风险管理,充分评估债券发行人、交易对手的资信状况,将债券资产纳入全行统一的信用风险管理体系,包括实行统一的授信管理。

18. 【答案】 C

【解析】银行支票的监管中,应注意检查:(1)检查商业银行是否制定了较为科学完整的银行支票业务管理办法、操作规程和相关财务核算办法。(2)检查有无不具备条件的申请人签发支票。(3)检查商业银行支票的账表核对情况,是否存在账实不符的情况。(4)检查商业银行对支票业务费用的收取是否及时足额,核算是否正确。

19. 【答案】 D

【解析】银行卡用户使用管理中的风险包括:(1)持卡人的资信能力变化风险;(2)持卡人恶意透支风险;(3)信用卡失窃的风险;(4)信用卡的伪造及涂改风险;(5)真实持卡人的欺诈风险;(6)信用卡透支违反规定用于生产经营、投资等领域;(7)刷卡交易过程中银行卡信息泄露的风险;(8)银行卡互联网交易过程中被欺诈、信息泄露、感染病毒造成损失的风险;(9)银行从业人员非法存储、窃取、泄露、买卖支付敏感信息。

20. 【答案】 D

【解析】银行保函的主要风险点包括:(1)未建立完整有效的保函业务管理办法、操作规程和财务核算办法,存在明显的制度缺陷。(2)未将保函纳入全行统一授权授信管理,保函业务风险管理基础薄弱。(3)违反授权授信管理规定,违规出具保函。(4)为不具备条件的申请人出具银行保函。(5)违规超负荷对外提供担保。(6)落实保函的风险补偿措施不力,未执行保证和反担保制度。存在无保证金出具保函;保证金管理混乱,未进行专户管理和专款专用;为要求被担保人落实反担保措施或提供足额抵押物的行为。(7)对外出具的保函文本存在明显缺陷,要素不全、权责不清或不符合国际惯例,容易引发经济法律纠纷。

21. 【答案】 C

【解析】贷款承诺业务的监管要求:(1)检查商业银行是否建立完整有效的贷款承诺业务管理规定和操作办法,是否存在明显的制度缺陷。(2)检查商业银行出具的不可撤销贷款承诺是否已纳入到该银行对相关客户的整体授信管理体系。(3)检查商业银行是否制定规章制度以明确出具贷款承诺的审批权限和审批程序。(4)检查商业银行是否出台规范的贷款承诺格式和内容,对不同的项目是否在贷款承诺中加入不同的限制性条件以尽量降低银行风险。(5)检查商业银行对申请人的资信情况是否进行调查,审查申请人的内部管理是否规范,经营情况,信用评价满足该银行授信要求。(6)如果是项目贷款承诺,则审查建设项目的依法合规性。(7)对于项目贷款承诺,还要监督检查商业银行是否已审查建设项目的经济性及偿还能力。(8)如果商业银行在项目招标活动中提供的融资类投标书属于不可撤销的贷款承诺,严格按照贷款审批的授信决策体系对不可撤销贷款承诺进行审批。(9)检查商业银行对贷款承诺业务规定收取费用的,是否及时足额收取相关费用,核算是否正确。(10)审查商业银行对客户提供的循环贷款额度、备用信用的业务规模,是否会严重影响到银行的资产流动性。

22.【答案】　D

【解析】商业银行销售理财产品,应当遵循公平、公开、公正的原则。

23.【答案】　D

【解析】存放同业属于商业银行的同业业务。

24.【答案】　D

【解析】操作风险指由于商业银行内部流程的不完善或者失效,操作人员操作不当或违规操作导致交易损失的风险。

25.【答案】　A

【解析】商业银行开展金融创新,需要遵循以下基本原则:(1)合法合规原则:商业银行开展金融创新活动,应坚持合法合规的原则,遵守法律、行政法规和规章的规定。(2)公平竞争原则:商业银行开展金融创新活动,应坚持公平竞争原则,不得以排挤竞争对手为目的,进行低价倾销、恶性竞争或其他不正当竞争。(3)加强知识产权保护原则:商业银行开展金融创新活动,应充分尊重他人的知识产权,不得侵犯他人的知识产权和商业秘密;商业银行应制定有效的知识产权保护战略,保护自主创新的金融产品和服务。(4)成本可算原则:商业银行开展金融创新活动,应坚持成本可算、风险可控、信息充分披露的原则。(5)强化业务监测原则:董事会和高级管理层应通过有效手段,确保悉知本行的金融创新业务、运行情况以及市场状况。(6)客户适当性原则:商业银行不得向客户提供与其真实需要和风险承受能力不相符合的产品和服务。(7)防范交易对手风险原则:在开展涉及投资和交易业务时,应认真分析和研究交易对手的信用风险、市场风险和法律风险,做好交易对手风险的管理。(8)维护客户利益原则:商业银行开展金融创新活动,应遵守职业道德标准和专业操守,完整履行尽职义务,充分维护金融消费者和投资者利益。

26.【答案】　C

【解析】互联网支付是指通过计算机、手机等设备,依托互联网发起支付指令、转移货币资金的服务。网银、移动支付、第三方支付是互联网支付的主要表现形式。

27.【答案】　B

【解析】商业银行董事会和高级管理层应将金融创新活动的风险管理纳入全行统一的风险管理体系。

28.【答案】　D

【解析】商业银行应当遵循真实性、准确性、完整性和及时性原则,规范披露信息,不得存在虚假报告、误导和重大遗漏等。

29.【答案】　D

【解析】内部控制环境:银行应建立完善的公司治理组织架构,分权制衡;银行应制定明确的内部控制政策,规定内部控制的原则和基本要求;应建立分工合理、职责明确、报告关系清晰的组织结构,明确所有与风险和内部控制有关的部门、岗位、人员的职责和权限。

30. 【答案】　C

【解析】为有助于避免外部审计师长期审计同一家银行造成的客观性和独立性削弱，外审机构同一签字注册会计师对同一家银行业金融机构进行外部审计的服务年限不得超过五年；超过五年的，银行业金融机构应当要求外审机构更换签字注册会计师。

31. 【答案】　C

【解析】商业银行面临的风险是多方面的，商业银行需要对所有层次的业务单位、全部种类的风险进行集中统筹管理，风险管理的水平体现着商业银行的核心竞争力。

32. 【答案】　C

【解析】商业银行通常运用的风险管理策理可以大致概括为风险对冲、风险分散、风险转移、风险规避和风险补偿五种策略。风险规避是指商业银行拒绝或退出某一业务或市场，以避免承担该业务或市场风险的策略性选择。

33. 【答案】　A

【解析】重大声誉事件发生后12小时内向中国银监会或其派出机构报告有关情况。

34. 【答案】　B

【解析】合规管理的基本机制包括：（1）合规绩效考核机制与合规问责机制；（2）诚信举报机制；（3）合规培训与教育制度。

35. 【答案】　D

【解析】监管资本涉及两个层次的概念：一是银行实际持有的符合监管规定的合格资本；二是银行按照监管要求应当持有的最低资本量或最低资本要求。

36. 【答案】　B

【解析】资本监管的"三大支柱"即最低资本要求、监督检查、市场约束。

37. 【答案】　B

【解析】商业银行的核心一级资本充足率、一级资本充足率和资本充足率分别为5%、6%和8%。

38. 【答案】　D

【解析】商业性贷款理论、资产可转换理论和预期收入理论是资产管理阶段最具代表性的理论。

39. 【答案】　D

【解析】根据管理需要，信贷计划管理指标可以分为一级指标和二级指标。

40. 【答案】　C

【解析】商业银行存款定价方法很多，常用的有行业价格法、基准利率法、逆向倒推法、综合评价法。

41. 【答案】　C

【解析】银行账户利率风险管理常用方法包括但不限于缺口分析、久期分析、敏感性分析、情景模拟及压力测试等。

42. 【答案】　C

【解析】流动性风险指商业银行无法以合理成本及时获得充足资金以偿付到期债务、履行其他支付义务和满足正常业务开展资金需求的风险。

43. 【答案】   A

【解析】根据《流动性覆盖率披露标准》，2015年起，银行应定期在财务报告中或银行网站公开披露流动性覆盖率的定量信息和定性分析。

44. 【答案】   C

【解析】商业银行每季度进行一次常规压力测试，还在并表基础上分币种实施压力测试。压力测试结果逐步应用于董事会、高级管理层的有关决策过程。

45. 【答案】   C

【解析】《绩效指引》要求，银行业金融机构及其分支机构在设置考评指标、确定考评标准和分解考评指标时，应当符合审慎经营和与自身能力相适应的原则。

46. 【答案】   B

【解析】商业银行薪酬管理通常包括薪酬管理体制、薪酬结构体系、绩效考核和薪酬管理三个方面的基本内容。

47. 【答案】   C

【解析】商业银行利息收入受多种因素制约，既取决于市场需求、法定准备金率、利息政策等外部因素，也受到银行自身经营策略影响。

48. 【答案】   C

【解析】我国银行业信息科技的发展经历了信息孤岛阶段、互联互通阶段、银行信息化阶段和信息化银行阶段四个阶段。

49. 【答案】   C

【解析】阶段性股权投资主要包括以下类型：一是对拟上市公司的阶段性股权投资；二是对上市公司的阶段性股权投资；三是对拟注入上市公司的项目公司的阶段性股权投资。选项C不是阶段性股权投资的类型。

50. 【答案】   D

【解析】不良贷款主要包括贷款五级分类中划分为次级、可疑、损失的银行贷款，以及银行认定的包括表外项目中的直接信用替代项目在内的其他各类不良资产。

51. 【答案】   A

【解析】在法人层级上，考虑到集团管理的效率减少风险扩散链条的必要性，对集团层级提出了明确要求，原则上是"母—子—孙"的三级架构。选项A正确。

52. 【答案】   A

【解析】信托业务是指信托公司以营业和收取报酬为目的，以受托人身份承诺信托和处理信托事务的经营行为。

53. 【答案】   A

【解析】信托业务是指信托公司以营业和收取报酬为目的，以受托人身份承诺信托和处理信托事务的经营行为。信托业务已经成为信托公司的主营业务。

54. 【答案】   D

【解析】信托公司申请投资设立、参股、收购境外机构时，权益性投资余额原则上不超过其净资产的50%。

55. 【答案】   C

【解析】财务公司应培育良好的风险文化，实施合理的风险管理政策，设计完善的风险管理架构，建立包括风险识别、计量、分析、评估、报告、控制等内容的风险管理流程，运用先进的风险管理方法，强化业务、职能、审计三道防线，保障公司经营稳健与中央企业资金安全。选项 C 正确。

56. 【答案】　B

【解析】对成员单位办理贷款指财务公司按一定利率和必须归还等条件向成员单位出借贷款资金的一种信用活动形式。

57. 【答案】　C

【解析】申请设立财务公司的企业集团，应当具备的条件主要包括：（1）符合国家产业政策并拥有核心主业；（2）最近 1 个会计年度末期，按规定并表核算的成员单位的资产总额不低于 50 亿元人民币，净资产不低于资产总额的 30%；（3）财务状况良好，最近 2 个会计年度按规定并表核算的成员单位营业收入总额每年不低于 40 亿元人民币，税前利润总额每年不低于 2 亿元人民币；（4）现金流量稳定并具有较大规模；（5）母公司成立 2 年以上，具备 2 年以上企业集团内部财务和资金集中管理经验；（6）母公司最近 1 个会计年度末的实收资本不低于 8 亿元人民币；（7）母公司具有良好的公司治理结构或有效的组织管理方式，无不当关联交易；（8）母公司有良好的社会声誉、诚信记录和纳税记录，最近 2 年内无重大违法违规经营记录；（9）母公司入股资金为自有资金，不得以委托资金、债务资金等非自有资金入股；（10）成员单位数量较多，需要通过财务公司提供资金集中管理和服务。

58. 【答案】　C

【解析】信用风险转移是指金融租赁公司通过使用各种金融工具把信用风险转移到其他租赁公司或其他金融机构。例如，金融租赁公司可以通过租赁资产交易、租赁资产收益权交易、资产证券化等手段转移信用风险。选项 C 正确。

59. 【答案】　A

【解析】单一客户融资集中度是指金融租赁公司对单一承租人的全部融资租赁业务余额占金融租赁公司资本净额的比例。金融租赁公司的单一客户融资集中度不得超过资本净额的 30%。选项 A 正确。

60. 【答案】　C

【解析】美国的消费信贷占其国内生产总值的 20% 以上；欧洲每年消费金融收入可占到国内生产总值的 10% 以上；日本消费金融业务自 20 世纪 60 年代初起步以来蓬勃发展，目前占全部个人消费信贷余额的 10% 以上。

61. 【答案】　B

【解析】货币经纪公司最早起源于英国外汇市场，其盛行于 20 世纪 70 年代的美国。

62. 【答案】　C

【解析】消费金融公司的出资人应当为中国境内外依法设立的企业法人，并分为主要出资人和一般出资人。选项 C 正确。

63. 【答案】　B

【解析】与一般消费者相比，金融消费者有其特殊性。一方面，金融产品和服务主要体现为信息的组合，消费过程更多地表现为信息的汇集和传递，因此金融消费具有无形性；另一方面，金融消费者对金融产品和服务的消费行为不仅引起当期损益，还会影响未来的收入或支出，并可能通过金融行业在国民经济中的特殊地位和作用，传导至整个经济体系，因此金融消费更具风险性。选项 B 正确。

64. 【答案】 C

【解析】银行业金融机构应当尊重银行业消费者的公平交易权，公平、公正地制定格式合同和协议文本，不得出现误导、欺诈等侵害银行业消费者合法权益的条款。

65. 【答案】 A

【解析】个人贷款是指以银行业金融机构为贷款人，以自然人个人为借款人，借、贷双方签订借款合同，按约定贷款人向借款人提供贷款，借款人到期返还本金并支付利息的一种融资形式。选项 A 正确。选项 B，代收代付业务，是银行利用自身的结算便利，接受客户的委托代为办理指定款项的收付事宜的业务，例如代理各项公用事业收费、代理行政事业性收费和财政性收费、代理财政性补贴发放、代发工资、代扣住房按揭消费贷款还款等。选项 C，支付结算业务是银行代消费者清偿债权债务、收付款项的一种传统业务，是在银行存款业务基础上产生的中间业务，也是当前我国商业银行业务量最大的一项中间业务。选项 D，储蓄存款指自然人在银行开立账户存入资金或货币，由银行出具存款凭证，记载一定期限、利率并按期给付利息的存款。

66. 【答案】 B

【解析】普惠金融的发展目标：提高金融服务覆盖率；提高金融服务可得性；提高金融服务满意度。

67. 【答案】 D

【解析】普惠金融原则：（1）健全机制、持续发展；（2）机会平等，惠及民生；（3）市场主导、政府引导；（4）防范风险、推进创新；（5）统筹规划、因地制宜。

68. 【答案】 D

【解析】操作风险：目前银行大量推出创新型理财产品，而内控建设相对滞后，在一定程度上增加了因操作失误或欺诈给商业银行带来的风险。

69. 【答案】 A

【解析】市场风险指因标的资产价格出现与预期逆向的变动而导致金融衍生工具价格出现损失的可能性。

70. 【答案】 C

【解析】互联网支付是指通过计算机、手机等设备，依托互联网发起支付指令、转移货币资金的服务。网银、移动支付、第三方支付是互联网支付的主要表现形式。

71. 【答案】 C

【解析】（1）按照是否保证产品本金兑付，商业银行理财产品可以分为保本型理财产品和非保本型理财产品。（2）按照存续期内是否开放，商业银行理财产品可以分为封闭式理财产品和开放式理财产品。（3）按照收益表现方式的不同，商业银行理财产品可以分为净值型理财产品、预期收益型理财产品和其他收益表现方式理财产品。（4）按照是否挂钩衍生产品，商业银行理财产品可以分为结构性理财产品和非结构性理财产品。

72.【答案】 B

【解析】金融效率和金融安全之间既有互补性，又有替代性。

73.【答案】 B

【解析】商业银行内部控制措施主要包括以下几个方面：(1)内部控制制度；(2)经营风险的识别、评估与管理；(3)信息系统控制；(4)岗位制约；(5)员工行为管理；(6)授权控制；(7)执行企业会计准则与制度；(8)外包管理；(9)客户投诉处理。

74.【答案】 D

【解析】为做好内部控制评价，银监会《商业银行内部控制指引》中对内部控制评价进行具体要求：(1)内部控制评价制度；(2)内部控制评价组织实施；(3)内部控制评价的范围；(4)内部控制评价的频率；(5)内部控制缺陷认定；(6)内部控制评价质量控制；(7)内部控制结果运用；(8)内部控制评价结果运用。

75.【答案】 B

【解析】风险偏好是商业银行在追求实现战略目标的过程中，愿意承担的风险类型和总量，它是统一全行经营管理和风险管理的认知标准，是风险管理的基本前提。

76.【答案】 A

【解析】商业银行风险按照诱发风险的原因，可以分为信用风险、市场风险、操作风险、流动性风险、国家风险、法律风险、声誉风险、战略风险等。操作风险是指由不完善或有问题的内部程序、员工、信息科技系统以及外部事件所造成损失的风险。

77.【答案】 A

【解析】合规文化的实现：(1)树立"合规从高层做起"的理念；(2)树立"主动合规"理念；(3)树立"合规人人有责"的理念；(4)树立"合规创造价值"的理念；(5)树立"有效互动"的理念。

78.【答案】 B

【解析】合规风险管理体系，是商业银行实施全面风险管理战略的有机组成部分，是商业银行构建有效内部控制机制的基础和核心，更是银行安全稳健运营的重要基础。

79.【答案】 D

【解析】现代商业银行的核心是经营和管理风险，该特征决定了风险在商业银行绩效评价中的重要性和基础性作用。

80.【答案】 B

【解析】2011年，银监会发布了《商业银行杆杠率管理办法》，规定了商业银行杠杆率的计算方法和4%的最低要求。

二、多项选择题

1.【答案】 ABCDE

【解析】货币政策环境包括：灵活开展公开市场操作；适时开展常备借贷便利和中期借贷便利操作；发挥好存款准备金率工具的作用；运用好再贷款、再贴现和抵押补充贷款工具；利率市场化改革取得关键性进展；推进汇率形成机制的市场化。

2.【答案】 ABC

【解析】欧盟金融监管体系现状：（1）设立系统性风险委员会，加强宏观审慎监管；（2）成立欧洲金融监管当局，加强微观审慎监管；（3）构建欧洲银行业单一监管机制，赋予欧洲央行银行业最高监管人角色。DE 选项属于英国金融监管体系现状。

3．【答案】 ABCD
【解析】非现场监管体系包括的内容有：（1）基础信息体系；（2）风险监测计量指标体系；（3）风险评估判断体系；（4）风险预警体系。

4．【答案】 ABCD
【解析】行政复议的具体程序分为申请、受理、审理、决定四个步骤。

5．【答案】 ABDE
【解析】针对商业银行同业存放业务所存在的主要风险点，监管部门重点加强对其内部控制制度建设及执行、经营合规性、会计核算、监督检查等方面的监管。选项 ABDE 正确。

6．【答案】 ABE
【解析】同业业务的主要风险点：（1）系统性风险；（2）信用风险；（3）流动性风险；（4）市场风险；（5）操作性风险

7．【答案】 ACD
【解析】汇票是出票人签发的，委托付款人在见票时或者在指定日期无条件支付确定的金额给收款人或者持票人的票据。分为银行汇票和商业汇票。银行汇票是由出票银行签发的。商业汇票是由出票人签发的，出票人一般是企业。

8．【答案】 ABD
【解析】商业银行年度披露的信息应当包括：基本信息、财务会计报告、风险管理信息、公司治理信息、年度重大事项等。

9．【答案】 BCDE
【解析】内部审计部门就以下事项向中国证监会或其派出机构报告：（1）向董事会提交的全面审计工作报告；（2）内部审计部门开展异地审计的，应当同时将审计报告抄报审计对象所在地的中国证监会派出机构；（3）内部审计部门发现重大问题并报告董事会后，在问题未得到认真查处整改情况下，应直接向中国证监会报告相关情况；（4）外部中介机构对银行的审计报告。

10．【答案】 BCD
【解析】针对国家风险，商业银行应当选择适当的计量方法，计量方法至少应当满足以下的要求：（1）能够覆盖所有重大风险暴露和不同类型的风险；（2）能够在单一和并表层面按国别计量风险；（3）能够根据有风险转移和无风险转移情况分别计量国别风险。

11．【答案】 ABD
【解析】考核《巴塞尔资本协议Ⅱ》中的三大支柱：最低资本要求、监督检查、市场纪律。

12．【答案】 BCDE
【解析】监测报表一般应包括本外币存贷款数据、资产负债计划完成情况、同业资产负债运行情况、信贷资产的收益和风险分类情况、资本管理情况、利率管理情况、流动性管理情况等。

13.【答案】 ABCDE

【解析】主要要求包括：商业银行的董事会和高级管理层应当对市场风险管理体系实施有效监控，商业银行应当指定专门的部门负责市场风险管理工作，商业银行承担市场风险的业务经营部门应当充分了解并在业务决策中充分考虑所从事业务中包含的各类市场风险；商业银行应当制定适用于整个银行机构的、正式的书面市场风险管理政策和程序，管理政策和程序应当与银行的业务性质、规模、复杂程度和风险特征相适应，与其总体业务发展战略、管理能力、资本实力和能够承担的总体风险水平相一致；商业银行应当对每项业务和产品中的市场风险因素进行分解和分析，及时、准确地识别所有交易和非交易业务中市场风险的类别和性质；商业银行应当建立全面、严密的压力测试程序，对市场风险实施限额管理，建立市场风险限额体系，并对市场风险有重大影响的情形制订应急处理方案；按照银监会关于商业银行内部控制的有关要求，建立完善的市场风险管理内部控制体系；按照银监会关于商业银行资本充足率管理的要求，为所承担的市场风险提取充足的资本。

14.【答案】 BCDE

【解析】由于综合考评结果可以反映被考评对象的整体经营情况，它通常被应用于战略目标审视、资源配置、人力资源管理运用、制度建设及企业文化建设等方面。

15.【答案】 ABC

【解析】金融类不良资产主要操作模式包括三个环节：收购、管理、处置。

16.【答案】 ADE

【解析】信托当事人至少包括委托人，受托人和受益人三方，从而区别于只有两方当事人的合同关系。

17.【答案】 ABCE

【解析】财务公司监控指标包括资本充足率、不良资产率、不良贷款率、资产损失准备充足率、贷款损失准备充足率、流动性比例、短期证券投资比例、长期股权投资比例、拆入资金比例和担保比例、自有固定资产与资本总额的比例等10项指标。选项ABCE正确。

18.【答案】 ABD

【解析】金融租赁行业在发展过程中逐步确立了五个方面的功能优势：（1）促进社会投资；（2）拉动产品需求；（3）推动经济调整结构；（4）增加企业融资渠道；（5）平衡国际贸易。

19.【答案】 AD

【解析】银行业消费者按照投诉的影响程度分为一般性投诉与重大投诉。

20.【答案】 ABD

【解析】定活两便储蓄存款、个人通知存款计结息较特殊，有必要向客户特别提示：定活两便储蓄存款存期不限，存期不满三个月的，按支取日活期利率计息；存期三个月（含）以上、一年以内的，按支取日同档次整存整取利率打六折计息；存期超过一年（含）的，无论存期多长，一律按支取日定期整存整取一年期存款利率打六折计息。选项ABD正确。

三、判断题

1.【答案】 A

【解析】自 2005 年 7 月 21 日起，我国开始实行以市场供求为基础、参考一篮子货币进行调节、有管理的浮动汇率制度。

2.【答案】 A

【解析】2009 年 4 月 2 日，即二十国集团伦敦金融峰会期间，金融稳定论坛正式更名为金融稳定理事会。

3.【答案】 B

【解析】系统性、区域性风险非现场监管应重点监测银行业风险情况，特别是系统重要性机构风险情况。

4.【答案】 A

【解析】保持充足的流动性是有代价的。作为企业，盈利是银行经营的根本目标之一，由于高流动性资产的收益往往较低，保持流动性充足可能削弱银行的盈利能力。

5.【答案】 B

【解析】银行业金融机构完成整改，经验收符合有关审慎经营规则时，监管部门应当自验收完毕之日起 3 日内解除对其采取的有关措施，防止监管机构滥用监督管理权力。

6.【答案】 A

【解析】负债业务的法律风险主要是指商业银行所设计的负债业务品种、条款或合同文本与现行法律法规不一致或存在明显的法律缺陷，商业银行以此办理负债业务，引发法律纠纷并导致产生损失的可能性。

7.【答案】 B

【解析】商业银行对单一借款人或交易对方的评级，应定期进行复查。当条件改善或恶化时，应对每个客户重新评级，确保内部评级与授信质量一致。

8.【答案】 A

【解析】银行汇兑的主要风险点包括：（1）签发汇兑凭证记载事项不全；（2）对汇兑凭证的相关当事人在银行开立存款账户账号欠缺；（3）汇入银行受理超出时间限制规定的汇款。

9.【答案】 B

【解析】金融创新概念是由熊彼特提出的，当时指新的产品的生产、新技术或新的生产方法的应用、新的市场开辟、原材料新供应来源的发现和掌握、新的生产组织方式的实行等。

10.【答案】 B

【解析】根据资本充足状况，银监会将商业银行分为四类，分别是第一类商业银行、第二类商业银行、第三类商业银行和第四类商业银行。

11.【答案】 A

【解析】互联网金融、电子银行、网上银行等信息技术革命使得资金转移更加迅速，加速流动性风险的变化。

12.【答案】 B

【解析】风险资产利润率指标是从商业银行经营风险的角度来评价银行的收益，是正向指标。

13. 【答案】 A

【解析】盈利性与流动性、安全性之间通常呈反方向变动关系，盈利性较高的资产，风险也相对较高，流动性和安全性较差。

14. 【答案】 A

【解析】"信息科技风险甚至成为唯一可能使银行业务在瞬间全部瘫痪的重要风险"是银行业风险管理的重要对象。

15. 【答案】 A

【解析】资产公司集团内部交易的定义是：集团母公司与附属法人机构以及附属法人机构之间发生的包括资产、资金、服务等资源或义务转移的行为。

16. 【答案】 B

【解析】财务公司风险管控体系是指在完善集团风险管理和内部控制体系的基础上，将财务公司纳入集团风险管理和内部控制体系，实施有效的审计稽核，指导财务公司科学制定风险容忍度、风险管理和内部控制政策，并根据集团发展实际和财务公司发展阶段，合理规划资本、业务及利润增长目标，确保财务公司稳健经营。

17. 【答案】 B

【解析】与一般消费者相比，金融消费者有其特殊性。一方面，金融产品和服务主要体现为信息的组合，消费过程更多地表现为信息的汇集和传递，因此金融消费具有无形性；另一方面，金融消费者对金融产品和服务的消费行为不仅引起当期损益，还会影响未来的收入或支出，并可能通过金融行业在国民经济中的特殊地位和作用，传导至整个经济体系，因此金融消费更具风险性。金融消费者只能影响经济体系不能影响国民体系。故错误。

18. 【答案】 A

【解析】《指导意见》首次从国家层面对金融租赁行业发展进行了顶层设计，从充分认识金融租赁服务实体经济的重要作用、突出金融租赁特色、发挥产融协作优势、提升金融租赁服务水平、加强基础设施建设、完善配套政策体系、加强行业自律以及完善监管体系等8个方面提出了促进行业发展的政策措施，对建设金融租赁"新高地"、提升行业战略地位、加快行业健康发展、更好地服务实体经济具有重要意义。题中表述正确。

19. 【答案】 B

【解析】银行不得预先在本金中扣除利息。利息预先在本金中扣除的，按实际借款数额返还借款并计算利息。这是银行应该尽的义务。所以本题错误。

20. 【答案】 A

【解析】原则13提出了银行流动性风险信息披露要求，通过使市场参与者获得必要信息，以便对银行流动性风险管理和流动性风险水平进行恰当评价，发挥市场约束的作用。信息披露应包括定性和定量信息。